幸福就在这里

完全婚恋手册

吴贵珠 ■ 著

四川大学出版社

HAPPINESS
IS ALL AROUND

责任编辑:敬铃凌
责任校对:黎伟军
封面设计:邓　涛
责任印制:王　炜

图书在版编目(CIP)数据

幸福就在这里：完全婚恋手册 / 吴贵珠著. —成
都：四川大学出版社，2017.5
（婚姻家庭系列）
ISBN 978－7－5690－0670－4

Ⅰ.①幸… Ⅱ.①吴… Ⅲ.①婚姻－通俗读物
Ⅳ.①C913.13-49

中国版本图书馆 CIP 数据核字（2017）第 133245 号

授权者——天恩出版社
简体中文版权授权深圳爱及特文化发展有限公司
四川省版权局著作权合同登记图进字 21－2017－596 号

书名	幸福就在这里——完全婚恋手册
	Xingfu Jiu Zai Zheli—Wanquan Hunlian Shouce

著　者	吴贵珠	
出　版	四川大学出版社	
地　址	成都市一环路南一段24号 (610065)	
发　行	四川大学出版社	
书　号	ISBN 978－7－5690－0670－4	
印　刷	深圳市希望印务有限公司	
成品尺寸	170 mm×230 mm	
印　张	13.25	
字　数	152 千字	
版　次	2017 年 9 月第 1 版	◆ 读者邮购本书,请与本社发行科联系。
印　次	2017 年 9 月第 1 次印刷	电话:(028)85408408/ (028)85401670/
印　数	0 001～6 000 册	(028)85408023　邮政编码:610065
定　价	38.00 元	◆ 本社图书如有印装质量问题,请
		寄回出版社调换。
		◆ 网址:http://www.scupress.net

HAPPINESS
IS ALL AROUND

_____惠阅：

愿这本书能帮助您

深入生命之爱

也愿您在追寻真爱的道路上

享受上天对婚姻永恒而美好的祝福

_____敬赠

序言一

伴您"久久久"的好书

国际真爱家庭协会会长　叶高芳

据报道，某城市赶在2009年9月9日结婚的男女比往常多了十倍，无奈的是，三个月之后有近半数的婚姻已终了。这则社会新闻再次印证，美满婚姻绝不可能单凭挑个最幸运的良辰吉日"九九九"（意指久久久）结婚即可得到。

"好的开始是成功的一半"，美满婚姻从婚前开始——双方应有正确的婚姻观和择偶蓝图，负责任地与异性交往和谈恋爱，审慎评估个人与彼此关系的成熟和适婚度。千万勿信以下说法：只要婚前彼此相爱，必然婚后恩爱；婚前已存在的问题，婚后自然会消去；婚后对方会因爱我而改变自己的缺点，或我的爱必能改变对方的缺点……"相爱容易相处难"，更何况，许多婚前男女自认为彼此已爱到最高点，其实只是沉醉在激情浪漫的"欲爱"

而非拥有健全成熟的"真爱"。

吴贵珠老师与夫婿多年负责真爱家庭协会婚前事务，有诸多陪伴、帮助许多男女从婚前到婚后的宝贵经验。她的大作《幸福，就在这里——完全婚恋手册》结合深刻的个案实例，深入剖析了婚前最重要的主题和最棘手的难题。

吴老师是一位资深教师、优秀作家，因此，本书文笔生动，内容实用，附有很多切题的讨论和习作，处处流露出关爱未婚男女的温馨之情，实在非常难得，令人感佩。

对每一位踏上瞻望婚姻之旅的适婚男女，不论有否交往对象，以及关心儿女婚事的父母及参与婚前事宜的师长和专业人士，《幸福，就在这里——完全婚恋手册》都是一本应时又精彩的好书。

序言二

走向关怀的生命之路

史提夫事工（Stephen Ministry）督导　古隽（June Grube）

作为一位婚前教育的作者，吴贵珠（Grace Wu）女士绝对是撰写这么一本婚前教育与关怀的书的最佳人选。

认识贵珠多年，她一直从事婚前与婚姻家庭的辅导工作，同时也十分专业而热诚地投入亲子教育的行列。贵珠曾接受各种不同的专业训练，其中包括国际真爱家庭协会所提供的辅导教育训练，以及由史提夫事工教授群所教授的辅导专业课程，并且用心地将这些课程中学习的知识和技巧运用在她所关怀的个案之中。

贵珠和她的先生结婚30年，不只在婚姻的道路上一同学习，更是同心教养子女。从台湾到美国，在东西不同的文化冲击中，她以敏锐的观察与智慧，结合所学习的教育理论，探索总结出适合子女的教养方式。

在贵珠的书里，她的洞见能实实在在地协助那些正在寻求新的方法以帮助自己婚姻与家庭的夫妇。这本书还提供了切实有用的工具，帮助婚前情侣在心智上、情感上以及心灵上许下共度一生的承诺，为未来健康的婚姻生活迈出重要的一步。

创作这本书需具备知识和经验，所有的训练和专业的装备固然极具价值，但是，更有价值的，是贵珠充满关爱的心，以及能完全接纳人类破碎心灵的满怀希望的心。她想要积极帮助那些愿意在生命历程中寻求希望与改变的人。这本书真是值得一读，因为这是出自爱心的珍贵礼物。

序 曲

多一分准备，少十分疲惫

　　记得多年前，国际真爱家庭协会会长叶高芳博士鼓励我做婚前辅导的工作时说，以他数十年婚姻家庭辅导的经验，如果他只能选择一项事业投身其中，他就会选择婚前辅导，因为预防胜于治疗，婚前多一分准备，婚后可以少十分疲惫。

　　"婚姻困顿如围城"，多少人的婚姻印证了钱钟书先生这句无力的感叹：城外的人想进城，城里的人却想逃出来。这些年来，各国离婚率节节上升。许多朋友说，当他们去参加婚礼时，虽然为新人高兴，可是也忍不住浮起这样的念头：美好的婚姻可以维持几年？

　　婚姻走到这样的地步，辜负了两人相爱的美好本意，真是令人叹息。岂不知恋爱正是千载难逢的机会，让相爱的两个人经由互相吸引，进入彼此生命的最深处，而双方也因互相肯定与爱慕，激荡起生命的创造能力。当爱的强大力量把自己投入对方生命核心的同时，爱也让我们向对方交出自己。这正是"向万有敞开，同时也在万有之内"的爱的形貌。

问题是我们的教育没有教我们什么是完整的真爱，以致现实中爱沦为那惊鸿一瞥的激情，而婚姻更被直指为恋爱的坟墓，实为可悲！

幸好婚前辅导的概念开始兴起，根据研究，经过婚前辅导的夫妻，婚后对彼此的满意度普遍提高，离婚的可能性也大大降低。

感谢真爱家庭协会给我这样的机会，这些年陪伴年轻的伴侣，从婚前的教育到婚后的过程，好像接生一个个新婚婴儿，他们从婚前辅导的学习中，了解彼此的观念、个性、原生家庭的差异，愿意在结婚之前真诚面对，谦卑学习。

婚前评量是婚前辅导的一个有力的工具，可通过计算机分析，协助准新人了解彼此的人格特质、沟通的方式、解决问题的能力，也让他们深入彼此的原生家庭，看到双方的情绪模式和关系模式，协助准新人建立未来的家庭蓝图。

每一次参加亲手"接生"的新人的婚礼，真是比什么都开心，看到新郎和新娘在圣坛前深情款款向对方说"我愿意！"时，我知道，他们为这美好的婚姻献上的是成熟的自己。

谢谢书中每一个故事的贡献者，他们都分享了自己的爱，为了尊重个人隐私，我均采用化名。

目 录
CONTENTS

HAPPINESS IS ALL AROUND

当我们凝视对方,

说出"我爱你"时,

就已经启动爱的能力,

进入彼此的生命花园。

真爱幸福导览:

爱的能力:

爱的实践:

HAPPINESS
IS ALL AROUND

第 1 章 吸引

爱是选择，你选择爱人的同时，

也泄漏了你内在的性格和品格。

——贾赛特（José O. Gasset），西班牙作家

幸福寻宝图

※　信仰、价值观、人格与品格是择偶的基本要求，对真理的追寻能让彼此的吸引长久存在。

※　家庭教育、社会环境、成长经验、信仰与价值观都会影响一个人的人格塑造，是我们寻找对象时不能不注意的。

※　坦诚面对双方的需要，尤其是双方特殊的生命需求。

※　不将满足自己需求的责任全部推给对方。

※　要了解双方相似与相异之处，以及可以改变与不能改变的地方。

※　对异性的吸引力受自身人格成熟度的影响，建立恋爱关系之前应该先努力塑造自己。

"妈咪，我可以谈恋爱了吗？"

如果有一天，你的女儿突然对你这样说，你会如何回答呢？

"哦！他的经济条件怎么样？"李太太这样说。

"哦，不急不急！多交一些男朋友，多看看！"王太太非常镇定，好像走进菜市场要挑一把好菜。

我永远忘不了，当我们的乖女儿问我这一句话时，是在高中毕业晚会的第二天早上；我走进女儿的房间，想听听女儿的毕业感言，结果女儿丢给我这样一颗震撼弹，那一年，她18岁。

"你和爸爸也是18岁认识的，对不对？"女儿聪明地反问，让我没有讨价还价的余地。

躺在床上，高中毕业晚会的快乐与难舍的感觉还留在身上，女儿的脸上多了喜滋滋的笑容，眼里满是闪亮的星光，对我开心地眨眼睛。我定了定神，请女儿告诉我，是哪一位王子吸引了我们家的公主。

人格特质的互相吸引

托尔斯泰说："有多少个脑袋，就有多少种想法；有多少个心灵，就有多少种爱。"有人希望找快乐的人，因为快乐的人才能给人快乐；有人希望找负责的人，因为负责的人给人安全感；有人想找高学历的，为了基因的理由；也有人一心想找有钱人，说可以少奋斗20年……

"一个人是什么，他的爱就是什么。"社会爱情现象千百万种，严格来说有些并不是真爱，真爱一定有友谊的成分、亲情的成分和爱情的成分。

18岁高中刚毕业，马上要进入大学的女儿有了意中人，作为妈妈的我，一则喜，一则忧，总觉得女儿还小，担心她能否看对人。

女儿喜滋滋地告诉我，对方是多么好的男孩，两人常常分在同一组讨论、做实验，他很聪明、很乐观……其实我早就知道这位男孩了，从十年级（高中一年级）起，女儿就常常提到这位同学，说他多么聪明，说他非常乐观……从友谊发展为爱情，似乎是水到渠成。

女儿性格温暖，记得还坐儿童推车的时候，只要推着她出门，她总是对迎面而来的叔叔阿姨露出笑容，无论认不认识，碰到小朋友，她常常主动友善地拥抱他们；女儿有安静镇定的特质，初、高中的时候常是同学倾诉的对象。

会吸引女儿的人，一定也会有温暖的人格特质，应该是个实实在在的人，想到这些，孩子爸和我也都放下了心。

在我们的祝福下，女儿和男朋友交往了十年后进入婚姻。

建立关系前的准备

曾经有一位母亲非常着急地告诉我，她的女儿已经三十多岁了，条件却越开越高，放弃交往多年的男友，希望嫁给"富二代"；因为女儿在证券公司上班，"往来皆富豪"，她认为也许是女儿上班的环境影响了她。

越来越多的适婚年龄男女找不到对象，可能是条件出了问题，不是自己的条件不好，而是挑选对象的条件不合宜。记得有一次我带领一个单身营队在课堂中做一个"爱情条件大家看"的游戏。男女分坐两边，白板上有二十多个条件让大家选择，学员们反应热烈。结果显示，一开始身高相貌、经济条件、聪明才智、教育程度、年龄等得到的票数很多，对于这些外在的条件大家几乎毫不犹豫地举手表示会列入交友条件；但是在讨论学习之后会产生一些变化，情绪健康、价值观、沟通能力、处理冲突的能力以及个性会成为重要指标，甚至具备成为好父母的能力也在考虑之列。

通常越了解自己的人，越知道什么样的人适合自己，社会流俗所标榜的条件未必是最重要的条件。若是找对象如同买不动产一样期待涨价的空间，结婚之后一定会大失所望。因为恋爱结婚的对象不是一件物品，他有思想，有感情，有情绪，有生命的历史和价值观，这些都会影响两人的相处。

建立关系之前，应先想一想：为什么需要一份关系？这一份关系会给人生带来什么样的改变？

把标准化的市场观念丢开，找对象不应看外在条件多好，而要看个性、人品、价值观念、生命理想。物质的条件最容易变化，如果希望相依相守，有恒久坚固的关系，那一定要将人格考虑在内。

尽管沧海桑田，人事多变，四季依然更迭如常；今日凋零的花朵，明年春天你知道它一定会再向你展开美丽的容颜；晚上你可以安然入眠，隔天清晨必不会错失花朵上映着朝阳的露珠。

那么是不是也会有个恒常的定律，把它放在情感里头，可以让情感历久弥新？

相似性与互补性

常有年轻朋友问：找伴侣是找性格相近的，还是性格互补的？

有人说相似好，有人说互补好，世界上并没有完全相似或完全互补的两个人，无论是相似还是互补，只要被吸引，一定是有原因的。专家认为，相似的吸引是指二人心理上的成熟度相当，可以彼此分享生命；而相异的吸引是指二人的心理防卫机制相反。我们寻找并选择具有某种人格特质的人，以满足心灵和情感的需求。

选择与自己特质相似或相异的人，取决于我们从情感依附到个体分化的程度，也就是从依附父母到情感独立成熟的程度。完全独立成熟并不容易，我们多多少少带有一点未被满足的缺憾。所以说坠入爱河是一时的需要，想要永浴爱河，就得经过两人缺憾互补的双人舞，慢慢趋向成熟。

恋爱过的人都知道，有一种本能或直觉让我们选择对方，我们被彼此的相似与相异吸引。也就是说，对方满足我们当时身心灵的需要，我们期待在对方身上看到自己的影子，也期待在对方身上弥补自己的不足。

既然未被满足的部分可能会影响我们对伴侣的选择，那么在发展与另一个人的关系之前，最好先检视自己和原生家庭的关系；理想的状况是和父母能保持亲密又独立的关系，和手足能保持互相欣赏、支持与感谢的关系，这样发展出的人格是一种安全性的人格，情绪健康，能与人合作，又能安静独处。

奇妙的是，相爱的两个人进入婚姻生活，会有一种神奇酵素让双方产生变化，本来潜伏的特质会在婚姻中因为对方而显现出来，让彼此的生命更加丰富。

能改变与不能改变

有的夫妻婚后多年仍然维持着很好的亲密关系，他们说："我们非常不一样，可是合作无间，互助愉快！"有的夫妇说："啊！我们太相像了，有好多共同的话题、共同的兴趣。"这让人觉得困惑，到底是相似性让夫妻能长久相处，还是相异之处能让夫妻长久吸引彼此？其实无论相似或相异，真正快乐的原因是他们能认清和接受双方可以改变和不能改变的部分。

有一位朋友说，当初她被先生吸引是因为先生浪漫自由的个性，而她自己却是非常拘谨不知变通的人。恋爱时非常欣赏先生能随遇而安，地上也能睡，食物从不挑嘴，和人自由交谈，容易建立友谊。等到结婚之后，原先的优点全变成缺点：东西乱放毫无秩序，原来规定摆在什么位置的家用品，结果都找不到，让她浪费许多时间东翻西找；饮食没有节制，爱吃什么就吃什么，全凭自己高兴；为了朋友经常忘了家人的时间……这位朋友非常气馁，觉得自己当初实在是瞎了眼。

其实所有的人都一样，带着对婚姻的美好期待，相信对方一定会带给自己许多幸福而踏上红毯，婚后却发现结婚的那个人和自己所想象的有很大落差。这时你会希望对方因为爱你而改变，变成你想要的样子，结果当然是一再失望。

有一些确实是可以改变的，譬如东西随处乱放，这是习惯的问题，可以纠正，但是不拘小节是个性，难以改变；豪爽大方，喜欢结交朋友是个性，不易改变，可是对家人时间的分配是认知与责任，可以改变；固执的脾气不易改变，但是固执的观念可以改变；性情急躁难以改变，但是急躁起来乱骂人可以改变。确定可以改变与不能改变的部分需要判断的智慧，而接受不能改变的部分则需要夫妻双方用爱与宽容互相对待。

要认识到自己也有可以改变和难以改变的部分，夫妻在婚姻中的责任不是去改造对方，而是去发现和看重彼此的相似与差异之处，互相成为对方的一面镜子，给对方自由成长的空间。

有不少人因为婚姻而改变，变得更负责任、更有节制、更成熟稳定，改变是来自于关系的良好。关系良好的主动权在于自己而不在于要求对方。通常自己的改变会带动双方关系的变化，因为对方必须以新的模式回应，这就是改变的契机。

面对双方的需要

马斯洛（Abraham Maslow）在他的"人类动机理论"（Theory of Human Motivation）中提到人生命发展的五种基本需求如同金字塔，最底层的需求是生理上的需要，如食物、空气、饮水、休息等体内平衡的需要；第二层是安全感的需要，如安全的成长环境、生命财产的保障、免于受伤害的照顾等；第三层是归属感和满足感的需要，如家庭的爱、友谊、与人建立亲密的关系；第四层是自我尊严的满足，渴望被人尊重也尊重别人；第五层是自我实现的需求，也就是能发挥天赋才能，能面对事实、处理问题，发展为完全的、具有自我价值感的、富于创造力的个体。

可以说从出生到死亡我们都需要这五种满足，但如果一个人在成长环境中严重缺乏某一种满足，他一生都会致力于这种需求。譬如在成长过程中缺乏爱和归属感，那么婚后就会需要配偶更多的关心与照顾。

不可否认，婚姻确实能满足我们的种种需求，但是许多婚姻案例告诉我们，当一方的心理负荷过重，长期无法满足对方的需求时最容易产生问题。因此在婚前最好能正视双方的需要，探讨能满足和不能满足的部分，而更重要的是努力达到心灵的平静，不要把满足需求的责任都放在对方的身上。

长久吸引的要素

根据统计，一份感情的蜜月期可以从六个月到六年不等，最后难免会走向幻灭，但不可否认的是，能长久吸引彼此的还是大有人在。有一次在公园散步，走在我前面的一对老夫妇吸引了我的目光，他们不仅仅是手牵手，而且十指交叉，仿佛在诉说着两颗心的缠绵。我一开始盘算着，莫非两人是黄昏恋？可是后来听到他们谈到子女的状况，原来是老夫老妻呢！

一份情感究竟能甜蜜多久，还与人格成熟度有关，人格成熟度会决定这一份感情是一时吸引还是永久吸引。有一位朋友个性倔强，年轻时非常叛逆，当她被先生吸引时，正是她想追求自我价值的时候；她讨厌父母从小对她的教导，却迷恋于男友的桀骜不驯，她觉得两人在一起好像是孤立世界中的互相倚靠。不顾父母反对，他们结婚了。婚后她开始期待先生成为一位模范先生，能准时上下班，帮忙做家务，但这明显是一个无法实现的梦。她终于明白，当初的恋爱只是一时的互相需要，他们不应该成为婚姻的伴侣。

情感要能长久吸引还必须培养欣赏的能力，总是带着一份好奇不断地探索对方，那么，恋爱结婚就会好像在寻宝，不断探求对方心灵的宝藏。像孩子一样不被污染的好奇心，能让婚姻关系历久弥新。

热爱真理，共同行走在真爱的道路上，能使情感免于疲乏，因为外在的吸引或许会因时日而褪色，但内在的心灵追寻却会让彼此紧紧相系，感受到对方就是你今生最珍贵的选择，无人可以取代。

张大眼睛，打开耳朵

俗话说恋爱的人都瞎了眼、聋了耳，只看自己爱看的、听自己爱听的。确实，情人眼里出西施，别人怎么劝说都没有用。但要确保婚姻幸福，最好婚前张大眼睛，打开耳朵，看清自己喜欢的人。

我们知道家庭是塑造人格的地方，我们寻找对象时，应该关心对方的家庭：父母的关系好不好？兄弟姊妹的感情如何？大家是分享心事、互相支持，还是各管各、互相疏离？父母管教子女的态度是专制还是民主，支持多还是责备多？父母的信仰和价值观是什么？他们对周遭的人、发生的事抱什么样的态度？

除了家庭之外，环境也会影响人格。对方在求学的过程中有没有特殊的遭遇？我一位好友的孩子，在初中读书的时候被班上同学欺负，老师又处理不当，这个优秀的孩子人格发生了变化，从此没有安全感，不敢信任别人。另有一个从越南移民到美国的家庭，父母忙于为生存打拼，儿子在五年级时被同学欺负，回家后告诉父母，父母不知如何处理，只是教孩子要忍耐，结果儿子非常害怕上学，长久以来也有了精神方面的问题，令人惋惜。

有人问：是不是父母离婚的孩子都会有问题？当然不是，后续的处理和看待事件的方式更重要。许多父母虽然在婚姻中，但是互相敌对，造成的伤害并不亚于离婚的夫妻。

信仰对人格有决定性的影响，我参加的一个成长营会里，有一位小学男老师叙述他自己的成长历程。他说父母在他五岁时离婚，他知道父母是因个性不合才分开，可是他仍然非常思念母亲，在情感上他觉得母亲抛弃了他，饱受伤心折磨，一直到有了自己的信仰后他才获得解脱，才开始过上了有信心的生活。

人格决定了人与人相处的质量，决定了共谱一生恋曲的可能。不妨想一想：自己的人格发展是不是稳定成熟？有没有需要医治的创伤？

当我们看清自己，就会知道自己吸引了什么样的人。

幸福交流道

1. 你认为自己会被什么样的人吸引？为什么？

   _____

2. 检视自己生命的特殊需要，自己为什么有这样的需求？

   _____

3. 你和未来的配偶有什么相似与相异之处？

   _____

4. 你期待未来的配偶因你而改变吗？你认为自己可以怎样先改变？

   _____

5. 你认为结交异性朋友之前，应该做好哪些心理准备？

   _____

幸福DIY

为真爱做准备，每一天审视自己的人格。

 幸福电影院

§《曼斯菲尔德庄园》（或译《窈窕野淑女》，
Mansfield Park，1999，英国），改编自英国著名女作家
简·奥斯汀（Jane Austen）极具自传性色彩的作品。剧中主
人公善良懂事的范妮家境贫寒、兄弟姊妹众多，母亲只好将
她送给嫁入豪门的姐姐抚养，该剧讲述了她住在曼斯菲尔德
庄园时发生的故事。剧中几位年轻人性情、品格大不相同，
他们互相吸引酝酿出爱情，值得一看。

§《青涩年代》（或译《留住一片情》，*A Walk to
Remember*，2002，美国），描写爱玩爱胡闹的兰顿，因为
在学校犯错，被罚去劳动服务打扫校园、辅导小学生家庭作
业等。慢慢地，兰顿由一位玩世不恭的少年渐渐改变，并受
到杰米温柔善良的个性吸引，两人逐渐坠入爱河。

第2章　你眼中的我

HAPPINESS
IS ALL AROUND

年轻的时候，她说我是一个好孩子。有这样一个忘我牺牲的
模范母亲，又怎能不做一个好孩子呢？

——李斯特，匈牙利音乐大师

幸福寻宝图

※ 一个人的自我形象与早期的经验有关，尤其是父母看待孩子的方式。

※ 重塑自我形象会影响择偶标准，个人内在的更新有助于提升自我形象。

※ 健康的自我形象不是建立在外在的条件上，而是建立在你和自己内心的关系中。

※ 爱的能力深受自我形象的影响，要学习看重内在的资源。

有一部电影《双面镜》（又译《越爱越美丽》，*The Mirror Has Two Faces*），由芭芭拉·史翠珊（Barbra Streisand）主演。该片讲述一位大学女教授，因为从小母亲认为她不够漂亮，以至于长大后迟迟不敢交男朋友。该片将女主角在谈恋爱时的心理挣扎描写得非常细腻。其实这样的例子在我们的生活中并不少见。

"我是谁"是一辈子的探问

在家排行老三的维芬，有一位非常漂亮的大姐和非常聪明的二姐，她呢，认为自己既不聪明又不漂亮。每一次亲戚朋友到他们家，总是称赞大姐好漂亮，二姐因为功课好也得到父母老师的嘉许，只有她总是躲到角落，没有人注意到。即使偶尔父母发现她了，眼光也总是匆匆扫过，马上转到大姐和二姐的身上。

维芬进了大学之后，第一次有男孩对她表示兴趣，她受宠若惊，尝到恋爱的滋味，也非常珍惜。不久这位男孩移情别恋，她遭受严重打击，几乎不敢相信还会有人喜欢她。

大学毕业多年，对男女交往完全死心的维芬经人介绍结婚，先生是一位老实的公务员。维芬虽然不喜欢丈夫，但她认为自己别无选择，有人要她总比没人要好。父母对她也没有信心，愁眉苦脸的维芬，勉强走进了婚姻殿堂。

婚后维芬和先生各忙各的相安无事，两年后孩子来报到，维芬于是安于这样的日子，直到一位已婚男同事闯进她的生活。

在公司的新进人员训练班上，她和这位男同事负责同样的工作，两人为了准备工作经常接触。维芬非常欣赏对方的细腻体贴，更让维芬感动的是，她常常听到他的赞美和肯定。一次午餐时，维芬跟这位同事辛酸地谈到从小没有人注意她，自己的存在对这个世界来说好像可有可无，她根本不知道自己是谁。

同事专注地看着她，静静听她说话，温柔的眼光仿佛清晨的朝阳穿过树林轻洒下来，让她苏醒。她从来没有被这样专注地注视过，从小到大，她跟任何人接触似乎都只有被马虎打发的经验。

维芬从被肯定的喜悦到思念的小虫钻上心头，她意识到自己爱上这一位同事了。先生一回到家就把自己埋在计算机前面，无视她的存在，对于这样的行为，以前她觉得无所谓，现在却让她作呕。

晚上抱着小孩睡觉，睡前故事被思念取代，维芬对自己的失控感到害怕，她知道自己必须寻求心理辅导。

我真的有用吗？

生而为人，再也没有比心理的残缺更可悲的事了。一对年轻人来找我，他们已经共同生活一年，经常为了大大小小的事情吵架；男孩将近30岁，人生目标还没有确立，女孩大学毕业不想找工作，希望男孩快点成功，两人构筑了一个空中楼阁，没有地基，摇摇欲坠。

这一位大男孩的父母离婚，他从小听着父母争吵的声音长大，躲在叛逆的姐姐身后，养成了畏缩的个性。他很少哭，在他的经验里，哭并不能阻止自私的父母停止争吵。初中时他常望着窗外，想象自己跳下去时，爸爸或是妈妈谁会来救他。

他和女孩子相识相爱决定共同生活的那一天，两人就开始不断地争执，女孩子对他的期望越高，他就对自己越失望，他觉得自己一生所碰到的人都是来告诉他："你是一个没用的人。"

我看着眼前这一位相貌堂堂的大男孩，他的眼神飘忽不定，时而望向远方，好像说的是别人的故事，我看到了他心底深处的忧伤。你很难想象，除了与女孩在一起时生理的激情，这位大男孩对做什么事情都产生不了动力。

这一对年轻人的婚前评量表清楚地显示出，男孩子与他的原生家庭是毫无心理联系的，他的情感没有根。没有根的情感如何能发展出爱人的能力？

大男孩所能做的只有不断地取悦女孩，他不敢表达任何意见，只要他们一争吵，他就会感觉受到了威胁。

身体长大了，心里的小小孩却没有长大，张着忧郁的双眼一直问着这个世界："我是谁？我有用吗？"

父母提供早期自我形象

记得第一次在医院听到被推到母亲身边的小婴儿的啼哭声时，我真觉得那是世上最美的天籁之音。第一次见到我的女儿，啊！她简直是婴儿室最美的宝贝！

如果全天下的孩子都有相爱的父母，都有情绪健康的父母，他们将会在父母爱的照顾下健全长大。父母爱的凝视是在告诉孩子："我是你的粉丝，你好棒啊！"声声柔情呼唤，是牵动双方情感的细丝，让孩子的情绪发展稳健茁壮。

我见过一个充满信心的孩子，他说从小他就知道自己是上天的宝贝，因为爸爸妈妈是这样称呼他的。这个孩子长得没有别人高大，相貌平庸，读书也不出色，可就是乐观开朗，人人喜欢，他的人缘非常好，到哪里都有人帮助他。

我有机会认识了不少华裔残障家长协会的家长们，常常从他们的身上学习到许多宝贵的东西。让我印象深刻的是一位白人年轻父亲，他娶了一位华裔太太。当有人问起他不幸患有唐氏综合征的孩子时，他十分骄傲地看着他的孩子说："He is perfect.（他很完美。）"

"He is perfect."震撼了我的心，这是怎样的眼光呢？我仿佛听到从天而降的声音说："这是我的爱子，我所喜悦的。"

用这样的眼光对待自己的孩子，他内在爱的能力必然源源不绝。

每一个孩子都是上天美好的礼物

有一位母亲生了一个重度脑性麻痹的孩子，孩子身体多处骨折，嘴歪眼斜，双眼没有视力。当她被允许去看她保温箱里的儿子时，忍不住号啕大哭，在一旁的白人护士安慰她说："不要哭，这是上天的礼物。"她听了非常气愤："这么丑陋的礼物，我不要！"

这位母亲把孩子交给国家提供的三班制到家看护护士，自己每天以泪洗面，她想到孩子走路遥遥无期，说话遥遥无期，不知道人生还有什么指望。

有一天，这位身心疲惫的母亲回到家，在浴室洗手时悲从中来，久久无法停止伤心的泪水。忽然间，一双小手抱住她的双腿，她低下头，是她的残障儿子从床上爬下来，爬过长长的走廊，到洗手间来安慰她。她第一次正眼凝视她的儿子，感受到原来儿子可以跟她心灵感应，无需语言，而上天的礼物本就不需要美丽的包装，她的孩子是如此珍贵。

七年来，这位母亲真正接受了她的儿子。从这一刻起，这个孩子不断地进步，有一天还在我面前唱了一首《月亮代表我的心》献给他的母亲。

如果我们明白上天赋予我们的美意，如果我们停止以外表评断自己和别人，我们将有足够的信心长大成人。我们知道，爱是我们的根，我们从那里茁壮成长。

我知道我能爱你

爱是一种能力，与身份有关的能力，这个身份不是"李博士、陈董事长、王医师……"，这个身份是"我本是……"。这是多么美好的福音。

"多情自古空余恨，好梦由来最易醒。"古今中外为情所伤者不知凡几，爱情似乎带来滋润，也带来灾难，在情感上受伤而遁入空门甚至结束生命的故事也时有耳闻。但是当我们了解爱是一种能力，而爱的能力是可以增强时，我们追求爱的生活是多么充满希望。

一位朋友非常伤心地告诉我，她一点也不觉得先生爱她，先生只是在身体上需要她而已。

她和先生都是我多年的好朋友，我非常清楚他们的恋爱史，先生当年追她非常热烈，几乎到了可以舍弃生命的地步。

先生其实是尽他的一切所能在爱太太，要说不爱太太实在不公平。只是先生从小在缺乏爱的环境中长大，非常没有安全感，他不知道自己是谁，只知道自己是从小饱受指责的孩子。他的自尊建构在不断地缔造成功上，以此来赢得人家的尊敬。因此他不能忍受批评，即使是一点小小的建议都会深深伤到他的自尊。当他对太太的爱抵不过自尊的需要时，婚姻中的争执就开始了。

有人以努力缔造成功来证明自己，其实这种辛苦建构的尊严是非常脆弱的，一场天灾人祸就可以使之彻底崩解。一个丧失自己的人，怎么会有能力去爱人呢？

面对每一对来做婚前辅导的年轻人，我最希望的就是看到他们有自信心。有自信的孩子能自然地分享爱，因为他们从小在父母爱的教育下长大，从父母的眼中看到了可爱的自己。

对于在不幸家庭中长大的孩子，我们更要让他们有盼望，当我们无条件地接纳他们，让爱泉一点一滴流淌，他们就能在你的眼中看到新的自己，创伤得以医治，爱的能力得以增长。

健康的自我形象

拥有健康的自我形象的人，会在两性交往上显现以下五点特质：

1. 能对伴侣表达自己真实的感觉

没有健康自我概念的人往往隐藏自己真实的感觉，因此在两性交往上可能处处迎合对方，要不就是过度隐藏自己的真实感受，让对方"不识庐山真面目"，如坠五里雾中。许多夫妻相处一辈子，可能并没有真正认清自己的配偶。

2. 不会因为对方的建议或纠正而看低自己

与异性相处我们固然会十分在意自己在对方眼中的形象，但两人长久相处，不免有不同的看法和做法。拥有健康的自我形象的人，能够坦然地接受对方给自己的建议，不会因为对方的纠正而丧失对自己的信心，也不致因为对方的建议而产生过度的防卫。

3. 能够建立与人相处的界线

"怕别人生气""怕被人遗弃""怕跟人分离""怕被人指责""怕被人贬低"……这些都是不能与别人建立合理的身体和心理界线的原因。有些女孩子因为没有良好的自我形象，与男友约会时不敢向对方说不，以致一步步失去身体的界线。

我曾经看到一位男士与太太的相处简直是到了没有自己的地步。为了客人来访，先生已经帮忙整理房子弄得一身汗，在大伙儿吃完饭之后，太太一会儿吆喝先生上楼拿相册给客人看，一会儿叫他去收拾餐桌，一会儿又要他拿水果饮料，先生简直被使唤得团团转。当先生好不容易喘一口气对大家说"我总算可以坐下来了！"时，太太又要他上楼拿孩子的奖杯给大家看。虽然是一对夫妻，我们却好像只看到一个人的存在。

建立与人相处的界线，正是为了确认和保护彼此的关系，但界线是建立在有良好个人形象的基础上。

4. 不会想操控对方

有良好自我形象的人会了解自己有所能也有所不能，能认识自己的长处，也能接纳自己的不足，会欣然接受成功，也会坦然接受失败。因为认识到自己是独一无二的，自然会尊重别人生命的价值。有良好自我形象的人，在与人相处时所表现出来的情绪是稳定的，当别人达不到自己的期望时，也不会失望沮丧或是过度要求对方。

5. 可以让人信赖

有良好自我形象的人表里如一，所说出来的话能恰到好处：不会夸张，也不会闪烁逃避，不会严厉苛责，也不会过度软弱，与人相处容易给人信任感。

自我形象的建立除了与童年经历有关，还受到社会价值的影响。一位年轻朋友在大学求学时受到挫折，学业中断，他很沮丧地告诉我："我这一辈子都不要想娶太太了，根本不会有人肯嫁给我。"

这位年轻人生长在重视学历的华人家庭，虽然是在重视自由发展的美国出生长大，但仍不知不觉中把学业成就作为个人价值的评断标准。

一位气质优雅的老太太，有一天跌倒骨折后，非常沮丧地躺在医院，她觉得要人帮忙喂食感觉十分难堪，尤其无法忍受食物从嘴旁滑落弄脏衣服。她不喜欢自己这样的形象，困窘和疲惫让她平日的好性情完全不见踪影。

自我形象的突破是明明白白知道自己是谁，知道自我形象不建立在外表上，也不在于能力强弱，更不在于别人是否接纳自己，即使有一天自己的外表受到毁损，也不会对自己失去信心。

希望孩子将来不被任何挫败击倒，丧失信心，最好从小就让他明白，他之所以被爱仅仅是因为他就是他自己。

看重内在的资源

外在的环境经常造成个人的生命挫折，如果一个人的成就不是由外在的成就来评定，身心受创的可能性会大大降低。每一个人的生命都非常可贵，每一个人也都有天赋的才能，只是在现实社会中，某些价值更被大多数人所看重，导致一些拥有其他天赋的人不是被家庭轻看就是被社会击倒，以至于忘了自己的珍贵。

只有正视自己的内在资源，才能不卑不亢，既不过度看重自己，也不会妄自菲薄。

看过意大利电影《美丽人生》（*Life Is Beautiful*）的人，都会被男主角圭多维护孩子的自我形象的行为所感动。当儿子乔舒亚指着糕饼店外的告示"犹太人和狗不能入内"时，他疑惑地问父亲为什么，圭多轻描淡写地回答："因为他们不喜欢狗和犹太人。"他马上给儿子举例说，自己曾经去过不喜欢马和西班牙人的五金行，还有不喜欢袋鼠的药局。他机智地问儿子不喜欢什么，儿子说不喜欢蜘蛛，圭多说他不喜欢西哥德人，所以第二天他要在他所开的书店前面写上："蜘蛛和西哥德人不得入内。"圭多把沉重的种族歧视淡化为无关紧要的个人偏好，不让孩子产生低人一等的感觉。

整部电影就如同片名"美丽人生"一般，没有灰暗的色彩。在剧中，每一个人都有权力在集中营伤心、愤怒、恐惧、失落，但是圭多却以天才的表演告诉儿子这是一场游戏，游戏的奖品将是一辆坦克。一个满布屠杀阴霾的集中营，在圭多的嘴里变成了游戏场。甚至德军的严酷规定圭多都把它翻译成游戏规则，让孩子的小小心灵在游戏的想象中平安飞跃，滑过大屠杀的阴谋，最后安全降落在一个大奖品——坦克上。

想象力、创造力、理解力、意志力和爱等内在丰盛的资源，可以让我们超越外在的局限，让我们看到外面的世界充满生机与希望，让我们在困难的环境中仍保有生活的幽默和勇气。

爱的历程与自我完成

麦道卫（Josh McDowell）说他常常想象自己的背上写着"仍在建造中"，如此四处走动，就可以坦然面对自己的缺点，将缺点交给时间来改进。这是多么好的想法，因为自身这栋大楼还在建造中，我们就有无限的可能，不必过高地看待自己，也不过低地看待自己。而爱情也参与了我们成长的过程，如同下面这段风行一时的文字："God doesn't give you the people you want; God gives you the people you need...to help you, to hurt you, to leave you, to love you and to make you into the person you were meant to be."（上帝不会给你你喜欢的人，他会给你你需要的人……去帮助你，伤害你，离开你，去爱你，好让你成为你本该成为的样子。）许多人在婚后对伴侣失望，以为对方并不是自己百分之百想要的伴侣，但是事实证明，这一位绝对是你生命中需要的伴侣；这一位伴侣会帮助你，但也可能让你受伤，生活的冲突可能使你的伴侣离开你，但也可能使你们两人更加相爱。这些过程会让我们一步步成长，塑造我们，使我们成为自己想要成为的样子。

从择偶至婚姻，我们都在学习爱的功课。择偶不是挑肥拣瘦，捡个最漂亮的石头，而是顺着生命之流，遇到那一块最顺手的石头。当然，这块石头有时会使你的生活像乱石砸入平静的生命之湖，激起千层浪；有时会使你的生活像静水深流般平静而温馨。那一位你所选择的，正是让你经历内在生命的伤与痛的伴侣，让你找到真正的自己，实现生命的价值！

幸福交流道

1. 仔细回想，父亲和母亲曾经如何描述你？为什么会这样描述？

   _____

2. 仔细回溯生命中曾经发生过的重大事件，这些事件是否影响了你看待自己的方式？

   _____

3. 你认为自己有什么长处是别人不知道的？

   _____

4. 你的自我概念是建立在外表上还是身份地位上，还是觉得被需要、被接纳的归属感上，或者是觉得自己有价值、有能力上？

   _____

5. 为什么认识自己是谁与爱的能力有关？

   _____

幸福DIY

从今天开始，每一天找出自己的一项优点，然后赞赏自己的这个优点。

幸福电影院

§《美丽人生》（*Life Is Beautiful*，1998，意大利）：叙述在纳粹集中营里的一位父亲运用他的机智和幽默保护孩子的心理免于受创的故事。主人公对妻子与孩子的真爱流露，令人动容。

§《三个傻瓜》（*Three Idiots*，2009，印度）：叙述一位聪明的印度帝国理工大学的学生，挑战急功近利、以学业成就来评判学生的校风，以及印度的社会阶级制度的故事。该片将唱歌、舞蹈与剧情相结合，精彩地诠释了严肃的议题，让人印象深刻。

§《双面镜》（又译《越爱越美丽》，*The Mirror Has Two Faces*，1996，美国）：叙述两位在大学授课的教授因相爱而结婚，却在婚姻生活中发现性观念的差异，从而引出对自我形象质疑的故事。

第3章　代代传唱　幸福的歌

——原生家庭探讨

内心的平静与满足

在很大程度上取决于个人身上与生俱来的历史上的家族，

是否能与目前那转瞬即逝的各种情况

互相协调。

　　　　——卡尔·荣格（Carl Gustav Jung），瑞士心理学家，

　　　　　　　　　分析心理学创始者

幸福寻宝图

※ 原生家庭的父母情感、价值观、亲子关系、处理问题
的模式，都会影响一个人的人际发展。

※ 了解父母的生命故事有助于消除伤痛。

※ 感恩与包容是化解原生家庭伤痛的两把钥匙。

※ 学习从新的角度诠释原生家庭的经验，有助于生命的
成长。

※ 建构新的原生家庭，让伤痛不再下传。

许多人以为婚姻是两个人的事，不错，婚姻是两个独立的个体走向联合，但是两个独立的个体却来自不同的家庭，有不同的背景、不同的价值观、不同的家庭氛围。好莱坞电影《我们的故事》（又译《Kiss情人》，*The Story of Us*）颇能生动地表达原生家庭对婚姻的影响：剧中的夫妻在发生争执时，事实上有四个隐形人在背后指指点点，那就是双方的父母，正所谓"结婚是两个人的结合，婚姻是六个人的生活"。

　　根据研究，一个人对一件事情的反应，只有10%跟这件事情有直接的关系，而90%跟这件事情没有直接关系，而是与他的潜意识有关，尤其是与他早期的童年经验有关。

　　一位多年的好友告诉我，她必须付出更多的努力才能去除内心的不安定感，这种不安定感一直影响着她的婚姻。原来她五岁时祖父去世，九岁时父亲也离世而去，她印象中的童年似乎经常在参加葬礼，虽然母亲很爱她，然而在内心深处，她总觉得有人会离开她。

　　不安定感使得她个性急躁，没有耐心，甚至连家里的宠物都怕她，尤其在对待自己的孩子时，她常常拿捏不好尺度，因为她可以比别人更爱孩子，也比别人更容易对孩子失望。

　　原生家庭的功能模式、原生家庭的关系模式、家庭成员间关系的稳定度与弹性度、家庭事件以及处理问题的态度，都深深影响着家庭中的每一个孩子，是从事婚前辅导者所必须重视的因素。

原生家庭的父母情感

原生家庭的关系模式如夫妻关系、亲子关系具有很好的参考意义，让我们对一个人的情感发展有迹可循。

佑宁准备结婚，他与未婚妻来找我的时候，神情非常沮丧。他的父亲有外遇十年，母亲最近又正式与父亲分居，他恨父亲的自私，气母亲强势无理，长期以来父母同床异梦的关系深深影响着他，使他抓不准人与人之间关系的亲疏远近。

佑宁的母亲立涵初中毕业就带着弟弟妹妹到国外读书，父母亲则留在家乡打拼，少年离家的锻炼，让立涵养成了坚强独立的个性。她得解决自己在异地他乡所遭遇的种种困难，还得负责弟弟妹妹的安危，就像一个小母亲照顾着弟弟妹妹，又像小父亲随时紧握着拳头，准备向来路不明的敌人出击。

立涵长大结婚之后，发现先生有不少缺点，于是她的小父母姿态出现了，开始指责先生不知长进，等到自己入了教会后，更觉得先生醉生梦死、无可救药。当先生要求分房时，她乐得轻松，觉得不必应付身体的需求，岂不正是专心修行的好机会？

立涵认为先生自惭形秽，不敢跟她同房，殊不知外面的女人已经披着温柔的外衣伺机介入，她犹自躲在灵修的借口里，掩藏夫妻渐行渐远的现实。

立涵本以为儿子结婚之后她的心事就了了，谁知道事情并不简单，最近儿子佑宁与未婚妻冲突不断，儿子把所有的不如意都怪在她身上。难道她被自己的不幸婚姻折磨得不够，还必须为儿子的情感负责吗？

原生家庭处理问题的方式

原生家庭处理问题的方式是充满创意，还是依循传统？是和谐有序，还是经常起冲突？是每个人都可以充分表达意见，还是一个人说了算？

一些不良的原生家庭功能模式，潜藏着不断重复的可能性，譬如酗酒、暴力、自杀、外遇。

一个在"碗盘与花瓶齐飞"的家庭中长大的孩子，你很难期待他成人后凡事会好好商量。馥盈说她的家庭就是如此，父母吵架时一定是拍桌子摔盘子，什么话都得要说清楚讲明白。她偏偏嫁了一个逃避问题型的老公，让她越发怒不可遏。父母吵架时一定分房睡，馥盈觉得十分讨厌，结婚之后再怎么吵，她都不许老公离开她的视线。

馥盈的婚姻保鲜期不到一年，先生就经常借口工作不归，两人渐行渐远，终于分手了。这是当年馥盈的父母处理婚姻的模式，没想到自己也重蹈覆辙。

一位发誓爱家的父亲，可能终其一生都在处理自己内在的那个饱受压抑的小男孩，因为他自己的父亲权威暴怒的模式曾深深地伤害了他，尽管他很想当个爱孩子的好父亲，但是由于原生家庭没有提供好的版本，他在摸索中一直跌跌撞撞。

我的先生和我也花了不少力气在原生家庭的冲击中找寻出路，

他有慈爱的母亲，我有慈爱的父亲。当家庭冲突发生的时候，我的父亲是讨好者，而恰恰相反，在先生的原生家庭里，他的母亲的角色是讨好者。当然由一方讨好并不是健康的模式，但是仅是这一方面的差异也足够折磨新婚的我。

记得结婚不久，我们就面临挑战。当两人意见不合，双方都不高兴的时候，通常在临睡前，我的脑海里就浮出父亲殷殷呼唤母亲的柔声，心里也期待老公来安慰我，谁知他老兄却是"好觉我自睡之"，鼾声大作，管你"垂泪到天明"，当时还真有"误上贼船"之感。

碰撞之后还能存活至今，双方当然练就了一身功夫，而我今天能在彼此相处之中"免于耍赖"，先生也应该有一点点贡献。

原生家庭的价值观

无论你愿不愿意，原生家庭的价值观多多少少都左右着你来日的价值判断。除非你巨细靡遗，一个个拿出来检视，否则有些就会藏在你的潜意识里，一旦碰到事情了，才从你的细胞里跳出来逗弄你一下。

耀华和秀婷第一次和我见面时就因为原生家庭价值观的不同而吵得不可开交，使得他们对结婚都畏缩不前。耀华向我控诉秀婷太离谱，自己省吃俭用，却居然舍得买路易威登的名牌包给她的妈妈，而耀华却只会给母亲购买实用的皮包。

耀华是非常理性的孩子，凡事仔细思量，尤其是对金钱的使用，更是衡量再三。秀婷喜欢去餐馆，耀华却希望秀婷能自己煮饭，节省开销，但每一次大吵之后，耀华就又不得不从外面买食物回来赔罪。

秀婷从小在教会长大，希望耀华也能跟她去教会，耀华却认为秀婷的家庭虽然常去教会，却好逸恶劳、非常势利，还不如他们家懂得做人的道理。

南辕北辙的价值观，最后让秀婷和耀华停止了交往。

原生家庭的亲子关系

人是否生活得有幸福感，往往不是取决于他有多么成功，而是取决于他看待事情的方式，以及与人相处的态度。原生家庭提供人际关系的基本模型，也是孕育幸福感的地方。

对呱呱坠地的婴儿而言，家就是他的生命归属，是他的情感与智慧的精神宝库。情感与智慧的原型奠基于家庭，开展于学校，成就于社会。我们几乎可以说，一个人一生幸福与否大半由原生家庭决定。

父母懂得尊重孩子，将来孩子必定会尊重别人；父母懂得讲理，孩子也就能学会理性沟通，减少摩擦；父母表现出宽容与爱，孩子必定不会斤斤计较；父母鼓励孩子充分表达，孩子就会有信心；父母允许孩子犯错，孩子就会有勇气；父母谦虚学习，孩子就会服膺真理；父母对家庭付出全心的爱，孩子就会了解家庭的价值。

我曾经教过一个学生，他的母亲告诉我，她从来不曾厉声斥责过孩子，只要轻声提醒，孩子就有羞耻心与荣誉感。这位学生的理性与情感得到丰富的滋养，在学校不仅成绩优秀，最重要的是处处体贴别人，广受同学的喜爱。

父母的一言一行影响着孩子一生的幸福，父母应该多投入时间在亲子关系上，欣赏孩子成长生活的点点滴滴，耐心陪伴孩子，聆听孩子的倾诉，适时赞美与鼓励，让家庭生活充满乐趣，让孩子的心智健康成长。

原生家庭的家庭气氛

家庭气氛是由家庭成员之间的互动以及发生在家庭的重大事件所决定，而父母在其中是关键性的因素。父母的个性、价值观和看待问题的方式，决定着一个家庭的情绪基调，营造了家庭的主要氛围。

回顾自己的原生家庭，你是感觉家庭有如阳光一般和煦温暖，还是经常风狂雨骤？是难见天日的阴霾，还是时而小雨点滴时而微风送爽？

家庭氛围有如看不见的空气，每天都在影响着我们。一个在开怀欢笑的气氛中长大的孩子和一个在肃穆气氛下长大的孩子，两人个性发展必定会有很大的差异。

2008年的法国电影《杂货店老板的儿子》（*The Grocer's Son*）是一部温馨的小品，很能表现一个家庭里主要的情绪基调对孩子的影响。电影中的杂货店老板是一个挑剔抱怨的人，太太则是逆来顺受，大儿子受到的影响较多，个性压抑不多说话，二儿子一样不擅表达却选择逃离家园。由于老板生病住院，二儿子向母亲借钱给心仪的女孩让她专心读书，自己则替父亲开流动杂货车抵债。

二儿子开着父亲的杂货车在法国美丽的乡间辛勤穿梭，乡间的老先生老太太们却不买二儿子的账。他们说："你跟你父亲一个闷样！"反而他心仪的女孩个性大方讨人喜欢，帮他吸引客人增加人气，甚至把杂货车漆上色彩变成生动会说话的车子，二儿子对人的态度也不知不觉有了改变。

父亲从医院回家之后开始引爆冲突，他在餐桌上挑剔饭菜，嫌二儿子不会做生意，亲子间恶劣的关系重新浮现。老大经历婚变之后企图走向深潭结束生命，被路过的二儿子救起，事情在此有所转折，一家人才开始有了真正对话的机会。亲情的暖流终于缓缓流过每一个干枯的心灵，给全家带来多年不曾响起的欢声笑语。

父母的生命故事

有一次参加一个教育课程，一百多位学员济济一堂，每个人都带来了自己生命的独特故事。其中的白人学员多能勇敢展示自己的伤痕，最是痛彻心扉的几乎都与原生家庭有关，其中不乏涉及暴力、性侵、断绝往来的，让你忍不住跟着垂泪。

在听完大家的故事之后，这位课程老师请年龄在20到30岁之间的年轻人站起来，大家互相看一看，然后说了一句话："这就是你的父母生你的年龄。"

一百多位学员发出了惊叹声，愤怒、痛苦、扭曲的脸有了一点变化。如果我们是当年的父母，在那样的时代，我们又会怎样做呢？

父母已经尽了他们的所知所能了。

父母给不出的爱，不是他们不愿意给，而是他们身上没有，或者他们还没有意识到。

在我修习关于原生家庭的课程时，我让自己回到母亲的年代，我看到一位在战乱时代遭遇家庭破碎的少女如何坚毅勇敢地挑起全家的担子，分担寡母的辛劳，带着弟弟弟妹妹站起来；我看到不敢有梦的母亲，在婚后如何辛勤帮助一无所有的父亲养育七个子女。一幅幅画面，让我感动得流泪。

听听父母的生命故事，找到自己情感的根，你会有更多的怜悯与慈爱。

伤痛不下传

展开时间的长卷，我们看到婚姻真是一种奇妙的设计，让父亲系统与母亲系统在核心家庭里激荡融和，若是只有一个系统就不会有今天的你和我。

除非死亡或离异，没有一个家庭是完全父亲系统或完全母亲系统。看似强势的母亲系统，也有融化在慈爱的父亲系统的部分，而被讥为软弱的父亲系统也有以柔克刚的时候。

家庭是情绪生命的有机工厂，有一位看不见的调和师，让情绪酵素在家庭里产生奇妙的变化，让我们静下心来，聆听代代相传的生命之歌，那里面有悲伤、有叹息，也有欢笑、有欣喜。

当我们从原生家庭的经验中找到生命意义的时候，我们会带着笑容擦干泪水，会看到父母远远的微笑。看过荣获2009年奥斯卡最佳外语片的《送行者：礼仪师的乐章》这部电影的人，定能从电影中得到同样的启示。男主角小林大悟是一位失业的大提琴手，他对父亲的感情非常复杂：他当初学习音乐是出自父亲的鼓励，可是父亲却离开了他和母亲。这种又爱又恨的复杂情感，使得他每一次回想起小时候学琴的情景，父亲的影像都是模糊不清的。

生命深沉的伤和痛，在他最后成为父亲的礼仪师时得到释放。父亲手里握着儿时他给父亲的小石头告别人间，仿佛在诉说着亡者对儿子长年的爱，儿时父亲慈爱的脸庞此时在大悟脑海中清晰地浮现出来。在泪水中，在亲手为父亲化妆入殓的告别仪式里，大悟最终从心底深处谅解了自己的父亲，大悟把石头拿给妻子握在手里，贴着腹部里的小生命，让曾经中断的爱得以延续。

分析心理学创始人卡尔·荣格曾说："内心的平静与满足在很大程度上取决于个人身上与生俱来的历史上的家族，是否能与目前那转瞬即逝的各种情况互相协调。"从原生家庭的伤痛走出来的人，会看到隐藏其间的祝福，父母和我们一样是平凡人，在犯错中学习，一样需要关怀与爱。我们享受了原生家庭给我们的美好部分，也当理解原生家庭的负面部分，从中学习，让伤痛不再下传。

幸福交流道

1. 为什么原生家庭会影响一个人未来的人际关系?

   _____

2. 你会如何形容家里的气氛? 家里的气氛是如何形成的?

   _____

3. 你的家庭曾经经历过任何剧变吗? 你能为这些剧变找到
   意义吗?

   _____

4. 请分享自己的原生家庭中值得传承的美好经验。

   _____

5. 请在心里对父母说一句感谢的话,并写下来。

   _____

幸福DIY

对父母或兄弟姊妹说一句表达感谢或关怀的话。

幸福电影院

§《喜福会》（*The Joy Luck Club*，1993，美国）：描写四个移民妇女定期聚会、打牌、聊天，引出不同的原生家庭的故事，这些故事显示代际间存在着功能模式和关系模式的重复。

§《瑞秋要出嫁》（*Rachel Getting Married*，2008，美国）：叙述一个家庭因女儿出嫁暴露出原先存在的一些问题，虽然是前尘往事，但是如果不去面对，还是会深深影响家庭中的每一个成员。

§《杂货店老板的儿子》（*The Grocer's Son*，2008，法国）：一个逃离原生家庭的儿子，因父亲生病返家接替父亲杂货店的工作，经历从排斥到接纳的过程，性格的改变带来人际关系的变化。

§《情深到来生》（*My Life*，1994，美国）：一位癌症末期的父亲想为尚未出世的儿子留下爱的记录，却因为童年不愉快的记忆使他深锁心门，无法与妻子深入沟通。小生命的诞生和妻子的鼓励，终于使他重回父母爱的怀抱。

§《送行者：礼仪师的乐章》（2008，日本）：描写一位失业的小提琴手改行为礼仪师，由旁观亲人逝去的不同悲哀，到最后面对自己成长的原生家庭，走出阴霾，让伤痛不再下传。

第 4 章　角色里的深爱

在婚姻中，每个人都要付出代价，同时也要回收点什么，这
是供求规律。

——罗曼·罗兰，法国作家

幸福寻宝图

※　角色的期待会影响婚后的生活，婚前情侣应该对双方的角色期待多加了解。

※　角色期待与原生家庭和社会环境有关，了解自己角色期待的根源有助于婚后的调整与适应。

※　角色平衡必须顾及男女性别的差异和双方的心理需求。

※　我们越成熟就越能调适各种角色变化，而角色调适也会促成我们内在世界的成熟，这是舍己的过程，也是婚姻与角色扮演的意义所在。

角色是一组文化模式，也是一组社会规范，讲的是人与人、人与家庭，以及人与社会互动所涉及的行为期待。

除非我们把社会的外衣除去，当一个"独夫"，否则我们活在世上，不可避免地要扮演种种角色。哲学家沙特（Jean-Paul Sartre）就曾说过，我们常常是"在扮演中"。

记得婚后多年，有一次在洗菜、切菜时，我忽然悲从中来，无比委屈地对先生说："我怎么都不知道结婚之后要一直煮饭？我的写作时间都煮掉了。"先生也回答我说："是啊！我结婚之前也不知道婚后要做这么多家事，我以前也都不必做。"

婚前先生经常送我花，我以为这是他爱的语言，谁知婚后再也没有花，就真正只是使用"语言"偶尔赞扬我一下了。

几乎所有的情侣很难在婚前想象到婚后的角色会怎样，难怪有人说恋爱中的人智商最低，结婚之后就变成情商最低了。

角色的转换

婚前与婚后角色会改变，这是非常自然的。婚前所扮演的是"你希望我演出的角色"，因为我喜欢你，希望留住你；而大部分人婚后所扮演的会从取悦者变成功能性角色。

一般而言，角色可分为功能性和互动性两种。譬如通常婚前男孩子会扮演取悦女孩的互动性角色，而婚后他就要增加"先生"这个功能性角色，要更加勤奋工作，赚取生活费养家；不只要当个"好先生"，他还希望继续当"好儿子"，免得父母有失落感；等到孩子诞生了，他又增加了"好爸爸"的角色；除此之外，他更得当个"好职员"或是"好上司"。

太太希望先生不只是工作，还希望先生能了解她、疼爱她，要记得自己的生日，那么先生还得加上"呵护者"这个互动性角色。

女孩子婚后从"公主"变成"黄脸婆"，煮饭、烧菜、洗衣，生育并照顾孩子，这些是功能性角色。先生希望太太能支持他、陪伴他、肯定他，有时像他的秘书，提醒他重要会议，有时又像情人，向他撒撒娇，这些是互动性角色。

能否在多重角色中顺利转换，与一个人人格的成熟与否有关。比较常见的失败案例有：一个富于权威的老板回到家还要对太太颐指气使，无法转换为呵护太太的老公；或是能干的职场妇女，回到家不愿意当先生的小秘书。失败的案例表明人在个体化独立成熟的过程中，没有办法摆脱情绪纠结或是情绪疏离。

角色期待

角色期待很明显会受到原生家庭的影响。隽升和怡恩来做婚前辅导时，对他们的情感都颇具信心，可是谈到角色的期待时，彼此却有很大的落差。隽升的妈妈原来是一位职业妇女，生了孩子之后就专心在家教养孩子，而怡恩的妈妈一直都在上班，从来没有做过家务事，家里有一位帮佣。隽升希望怡恩婚后也能在家照顾孩子，他认为母亲在家陪伴孩子成长是非常重要的事，怡恩却不愿意辞职在家，她希望婚后像自己的母亲一样，有着多彩多姿的生活。

这样的落差在婚前辅导中屡见不鲜。拿家务的分配来做个例子：两人都在上班时，家务该如何分配？是否平均分配？按什么方法去分配？有人说大事先生做，小事太太做。那么什么是大事？什么又是小事？有一位太太说，她都做小事，比如财务管理，先生做大事，譬如倒垃圾。

有太太认为先生应该凡事和自己商量，有太太认为先生把钱拿回来就行了。

互动性角色受原生家庭的影响深印在潜意识里。我希望先生能在情绪上成为我的依靠，能时时安慰我，就像我的父亲一样；我的先生却来自父亲非常严厉的家庭，倒是他自己需要许多安慰和肯定。

健康的互动性角色，可以是施予者，也可以是接受者；可以是安慰者，也可以是求助者。求助者是在扮演分享生命的角色，安慰者是在扮演倾听关怀的角色，如果不能平衡两者，将会造成一方责任感过重，另一方责任感不足，可能需要寻求专家的协助。

两性差异与角色平衡

角色的平衡必须顾及男女性别的差异，譬如男性天生喜欢刺激、冒险，女性则喜欢安稳、可靠，这是男女在生理上的不同所造成的。女性的生殖能力使得她们更需要安全感、稳定感，因为她们要负起生育子女的责任，需要安定的环境；男性则由于睾丸素和大脑运作的结果，显现出争强好胜的心理。看男女两性玩牌、打球就知道差别有多大，女性在意的是联谊，男性则一定要比输赢。我跟先生打桌球时喜欢纯打桌球，目的是运动锻炼身体，可是没练两下，先生就会说："来比赛吧！谁先发球？"

四五岁的孩子在一起聚会，没有多久拳打脚踢起来的大都是男孩，他们可能一下子就打翻食物或是弄脏衣服；女孩子则一般更可能会表现得遵守秩序、温和有礼。我曾经教过中学生，男生常常把当纪律委员不当一回事，自己也会加入混乱当中，女生却会为了管理班上的混乱秩序而气得大哭。所以两性的差异并不全然是后天教育的结果，有些是天性的不同，我们在角色的扮演上就更得注意如何平衡两性的差异。

婚姻提供良好的环境让两性发挥所长，女性可以帮助男性安定成熟，男性为了养家糊口，会负起责任认真工作，努力储蓄，帮助女性在安全的环境中孕育子女，繁衍后代，男女两性的角色分工，使得家庭成为社会的稳定力量。

男女两性在情绪的表达和反应上也有明显的差别：女性比男性更擅长语言的表达，情绪反应非常明显；男性则很少向女性透露他内心的需要。可能多数男性也不是很明白自己内心的感觉，所以在一个家庭里，妻子要更尊重丈夫，让他隐藏的情绪可以表达。女性需要爱的联结，所以提供爱的安全环境对女性而言非常重要，先生送花、说"我爱你"，太太永远不会嫌多。

角色与真我

电影《千里走单骑》（2005，张艺谋执导）很能说明当一个人局限在僵化、固定的角色里，会对亲密关系造成多大的伤害。

剧中的男主角高田刚一先生，是位传统严肃的父亲，与儿子从来没有亲近过；当儿子病危时，高田刚一老先生赶到医院，却被儿子冷冷地拒绝，只能失望地离开病房。后来从媳妇交给他的儿子的工作录像带中，老先生一点一滴重新了解儿子，甚至前往中国云南去实地了解儿子所搜集的面具戏。

当高田刚一老先生看到面具戏演员李加民居然可以在大众面前哭泣时，非常震惊，对照从来不敢表达真性情的自己，在真实的生活中，究竟谁才是戴着面具的演员？难怪他和儿子的心灵距离如此遥远。

角色与真我是不可分的。杜尼耶（Paul Tournier，瑞士名医、心理治疗家）把真我的概念分析得非常精辟。他说，真我的观念是和人类社会的灵性合成体联结在一起的，因此真我不是静止的，而是生动的，让人产生罪恶感的不是角色本身，而是藏在面具底下的虚伪和欺骗。所以，问题不是要抛弃自己所扮演的角色，而是建立起角色和真我之间内在的协调关系。

一个人越是不肯放弃僵化的、约定俗成的角色，越表明他的内心充满不安全感，真我与角色之间失调，他从来不知道表露真实的自我是安全的，于是把自己藏在层层角色面具下，在人生的道路上孤独前行。

一个人越能接近真我，就越不受世俗角色的限制，能够根据关系的需要随时调整自我。譬如你既可以当儿子的好爸爸，也可以当儿子的大玩偶、好朋友；既可以当女儿的好妈妈，也可以当女儿倾吐心意的好姊妹。

婚姻的日趋平淡与角色的僵化不无关系，如果功能性和互动性角色都能协调运作得很好，夫妻之间的相处一定每天都能让对方充满新鲜感。

原生家庭的角色依附

有一次参加一个成长营会，老师把在家排行老大的学员聚在一起，排行老二的学员聚在一起，老三、老四也是一样。大家开始谈话了，"老大们"都有共同的心声，就是责任太重，压力太大，笑不出来；"老幺们"大都是享受自由、无拘无束，很得父母和兄姊们宠爱；至于排行中间的就不一定了，大约是夹心饼干，必须注重人际关系才能生活得比较自如。

有一天当老大的女儿结婚了，把原生家庭的老大姐作风搬到婚后的核心家庭，先生就有苦头吃了；若是老幺婚后继续当老幺，什么事都不管，家庭也会起风暴；若是独生子女婚后继续当王子公主，教养子女可能会出问题。我们若是懂得取原生家庭自己角色的优点，去掉不足，就可以避免问题滋生。

家庭的领导权往往是角色冲突的一个原因，有的人喜欢指挥人，但又不一定能扮演好领导者的角色，而且常和武断霸道的个性有关。西方传统中说男人是妻子的"头"，并不表示有统治权、支配权，而是意味着责任和主动力；做丈夫的要尽爱妻子的责任，要在家里建立用爱心关怀照顾对方和舍己为人的氛围。

戴维·奥斯博格（David Augsburger）认为，"头"不是某种角色、性别，或长久性地占有另一方，而是由夫妻任一方或双方都付出努力，服务、帮补对方，使双方都有所长进。

互相尊重，便能建立尊严与责任，彼此促进，彼此激励，夫妻双方都会在这样的环境下自由成长。这和一方掌权或双方争夺控制权，有着截然不同的家庭气氛。

无论原生家庭如何塑造我们，赋予我们什么角色，长大独立之后我们都应该学习和调整，婚姻的幸福与人格有关，而不是由僵化的角色来决定。最重要的是要彼此尊重，绝不可互相作对，否则先生说东，太太说西，任性使气，夫妻都无法成为子女的榜样。

角色与心理需求

有的角色是由心理的需要造就的，譬如"受害者"的角色，从小一直处在否定的环境中，上学之后又被同学欺负、被老师歧视，到社会上处处遇到挫折，一次又一次的心理创伤容易形成扭曲的人格，觉得自己永远都是"受害者"。

记得从前教辅导课的时候，有一个班级被学校定性为所谓的"放牛班"。班上的同学有两种类型，一种是调皮捣蛋型，一种是安静茫然型。最让人担心的就是安静茫然的孩子，他们自我放逐，觉得自己没有用，如果又被欺负，长大之后很有可能会走上暴力路线，或是自暴自弃，不是伤害别人，就是伤害自己。

"受害者"的角色在婚姻中容易造成亲密关系的障碍，他会不断要求别人的爱与认同；有时候别人一句无心的话都可能让他受伤，他的内心没有一杆能处理关系的公平秤。受害者不知不觉也可能成为加害者，因为内在的不平衡容易给别人带来很大的压力。

一位朋友的孩子在初中的时候遭受欺负，老师又处理不当，他深受伤害，好不容易上了大学，又因为无法适应学校的压力得了忧郁症，这样的成长过程使他将自己定位为"受害者"。因病搬回家住之后，他动辄便与父母发生冲突，只要母亲进入他的房间，他就觉得受到严重侵犯，无法忍受。

家庭、学校和社会都在塑造人格，每一个环节都重要。建设和乐安详的社会每一个人都有责任。如何让孩子健康地长大，是一个全社会都应该关注的重要课题。

角色调适

说我们一生都在做角色调适一点也不为过，它是一个动态的心理过程，牵涉跟周围人的关系。我们当过父母的婴儿、小小孩，当过学生、上班族……每一个阶段都会促成我们对角色的认知。

我们不妨来分析一下一个新手妈妈的角色调适过程：当她成为一个婴儿的妈妈时，她会经常抱着婴儿，给他安全感；当她成为两岁孩子的妈妈时，她要跟孩子童言童语，分享爱的感觉；当孩子三岁时，她要适应孩子对自己说"不！"，了解这是孩子在形成自我；当孩子四五岁时，她要启发孩子的想象力、创造力，跟孩子一起欣赏动画片，玩乐高玩具，一起看星空……时光飞逝，互动性的角色不断变化，妈妈还来不及学习，孩子一转眼就是青少年了，妈妈又该成为孩子谈心的好对象……

孩子的爸爸也有同样的情形：新手爸爸对小婴儿又爱又怕，渐渐地可以跟孩子玩耍，让孩子当马骑；孩子三四岁时，成为孩子学自行车的得力助手；孩子上学了，成为孩子的好司机；孩子不懂功课，又是孩子的好老师；青少年时，成为孩子的好谈伴，陪伴孩子寻觅人生的方向……

等孩子成家了，你还是孩子的父母，可是互动时却不能再把儿子女儿当成长不大的孩子，此时又会面临新的角色调适。

携手同行的伴侣忽然添了白发，甚至已经弯了腰、驼了背，自己也垂垂老矣，还是要角色调适。因为你不只是先生或太太，还可能是老伴的照顾者、陪伴者、爱护者。

尼采（Friedrich Wilhelm Nietzsche）曾经感叹："每一个人都是最远离他自己的。"这是因为当我们在扮演角色的时候并没有真我的参与，于是产生"自我"（ego）与角色的冲突，所以有人在结婚二三十年之后，忽然厌倦长期扮演的角色而想寻找"自我"，但是他却终会失望。

2008年由《泰坦尼克号》（Titanic）男女主角凯特·温斯莱特（Kate Winslet）和莱昂纳多·狄卡普里奥（Leonardo Di Caprio）主演的悲剧电影《革命之路》（又译《真爱旅程》，Revolutionary Road），就是典型"角色我"和"心理我"冲突的例子。这部电影改编自美国著名小说家叶慈（Richard Yates）的同名小说《革命之路》。剧中的太太在操持家务和照顾先生、孩子的日常生活里，逐渐产生了远离自我的空虚感。为了摆脱心里的痛苦，停止婚姻生活中永无休止的争吵，她建议举家搬到巴黎重新开始生活，却因为先生的工作升迁和她的意外怀孕而计划生变。

　　这部电影虽然反映了20世纪50年代女性是第二性的现实压力，但是影片中描绘的角色和自我的冲突至今仍然存在于生活的各个层面，只有回到"真我"，让"真我"参与角色的运作，才能让角色丰富"真我"。因为真我并不在角色之外，真我并不是静止的，而是动态发展、能与人产生真正联结的。如同史贝克（Siebeck）教授所说："蒙召创造真我。"功能性或互动性角色与我们的内在变化息息相关，我们越成熟就越能调适各种角色变化，而角色调适也会促成我们内在世界的成熟，这是舍己的过程，也是婚姻与角色扮演的意义所在。

幸福交流道

1. 你的原生家庭是否有角色冲突的问题？对你的影响如何？

_____

2. 你期待自己在婚后扮演什么样的角色？与对方的期待有什么落差？

_____

3. 你期待你的伴侣在婚后扮演什么样的角色？为什么？

_____

4. 你将如何与伴侣共同学习角色调适？

_____

5. 在日常生活中，你将如何扩展真我以帮助实现自己角色的调适？

_____

幸福DIY

　　在所处的团体或家庭中，试着转换一下角色互动，激发潜能。

幸福电影院

　　§《千里走单骑》（2005，中国）：叙述一位父亲因儿子生病而领悟到与儿子的心理有距离是角色僵化的原因，进而调整自我角色，最终与儿子达成和解的故事。此影片对角色与真我有很好的诠释。

　　§《居家男人》（*The Family Man*，2000，美国）：描写一位华尔街的高级职员，一觉醒来成为两个孩子的爸爸之后的故事。影片用幻想的方式说明一个常规的主题，即人生不只包括世俗的成功。

　　§《我是山姆》（*I Am Sam*，2001，美国）：一位智障父亲真的不能成为好父亲吗？一位称职的父亲应该扮演什么角色？看完本片你会找到很好的答案。

　　§《秋天里的春光》（*Autumn Spring*，2000，捷克）：叙述一对夫妻如何在老年生活中，由僵化的固定性角色转化为轻松的角色互动的故事。影片对白幽默风趣，对夫妻的角色生活有很好的启发。

　　§《真爱旅程》（*Revolutionary Road*，2008，美国）：描写一对中产阶级夫妇，在婚姻生活中产生现实与理想的冲突，彼此怨恨和互相折磨，走不出心理困顿的女主角在困兽犹斗中终于以悲剧收场。

第5章 迎接爱的宝贝

家庭中正常关系的失调，是以后产生精神和情绪的各种病态的肥沃土壤。

——杜威（J. Dewey），美国哲学家、教育家、社会学者

幸福寻宝图

※　生儿育女是婚姻里的大事，是婚前辅导的一个重要项目。

※　原生家庭的亲子关系会影响后代生育子女的意愿。

※　子女是家庭爱的延伸，可以丰富家庭的生活内容。

※　子女让父母学习舍己为人，学习无条件的爱。

※　子女是父母的明镜，可以反映父母的一言一行。

※　子女拓宽父母的生命视野，使为人父母者不再用偏狭的角度看待生命。

※　孩子的品德教育要从父母以身作则开始。

"我才不要生孩子呢，我宁可养只狗！""为什么要生孩子？我自己都还是孩子呢！""我们不想要孩子，两个人多好啊！"最近常听到适婚或新婚的年轻人这样说。

　　跟上一代不一样，现代的年轻人在生育子女一事上有很大的自主权，这真是一件好事。同时，我们这一代父母也倾向于尊重孩子的决定，当然有的父母会担心孩子年轻不懂事，若不生育子女的话，将来老了怎么办，谁来照顾他们呢？而这些选择当丁克夫妻的年轻人则会说："我们互相照顾啊！"

　　大多数的适婚情侣很少谈及生育儿女的事，多半沉湎在两情相悦的幸福中，但是从事婚前辅导，我们不能不谈到生育子女的计划，因为这是一个无法回避的重大问题。现实中有的情侣确实在婚后不久小家伙就意外来报到。也有的年轻夫妇，因为婚前没有认真谈及生儿育女的问题，结婚之后又忙着工作，一晃三五年过去了，忽然觉得该认真考虑生养子女的时候，却因为已经过了最佳生育年龄，一直无法如愿。

儿女是家庭爱的延伸

　　我在超声波室第一次听到孩子的心跳声，真是一种奇妙的体验，先生和我都意识到将有一个生命来到我们的家庭，我们对此有许多期待和盼望。

我不会忘记先生第一次抱起小婴儿的神情，他既害怕又兴奋，不知道如何将孩子软软的头摆在手臂正确的地方，他注视小婴儿的眼神里充满着温柔的爱，这神情让我感动；小生命的降临就是这么奇妙，他让年轻的夫妻成为父母，担负起更多的家庭责任。

小婴儿当然也带给祖父母许多快乐。我的女儿出生时，虽然一开始公公在电话的那头似乎有点失望，可是等见到小孙女的那一刻，便立刻打破性别的歧视爱上了小孙女。之后他们就像一般的祖父母那样，对小孙女满是"非理性的爱"，只要一看到什么好的就想买给孩子。

儿女的降临是祝福，是家庭爱的延伸，再也没有比小生命的报到更神奇的礼物了，他会吸引一家人的目光，为家庭制造欢乐的气氛，他是爱的焦点，是家庭爱的充电站。

儿女让父母学习无条件的爱

为了制作女儿婚礼要用的成长影片，我翻遍了她从小到大的照片，也带出儿女成长过程中那点点滴滴的回忆：过周末难得午睡一下，女儿却不甘寂寞爬过来捏她爸爸的鼻子，要爸爸起床陪她玩；儿子调皮捣蛋扯掉了爸爸的眼镜；爸爸陪着儿子、女儿学骑自行车；当然也有我抱他们，喂他们吃东西，给他们讲故事……

记得有一天，下班累极了，煮完饭洗好碗差不多一天的精力全部用光，儿子还精力旺盛地在床上跳来跳去，吵着要听睡前故事。若是想躺在床上应付瞎掰，他便立刻从似梦非梦中惊醒，毫不留情地纠正你："妈妈你说错了，故事不是这样写的。"

养儿方知父母恩，确实如此。大清早起床为孩子准备早餐，就会想起自己儿时清晨母亲那熟悉的身影；孩子生病心力交瘁时，就会忆起父母曾经为病中的你着急；孩子开始和你唱反调，你才知道自己曾经也有伤父母心的时候。

几乎所有的父母，都在教养孩子的路上完成着"不可能完成的任务"：一向晚睡晚起的父母，为了孩子不得不调整作息时间；一向随便胡吃海喝毫无节制的父母，开始注意三餐饮食的营养；一向随意观看电视打发时间的父母，开始关心什么节目可能对孩子有害；一向不爱运动的父母也打起精神陪孩子打球；一向怕开车的母亲因为接送孩子也成了"最佳驾驶员"。有一位母亲就说，她生了四个孩子，有几年的时间她几乎每天进出家门六次，轮流在幼儿园、小学、中学的马路上不停地穿梭，接送孩子，还要带孩子上钢琴班、小提琴班，带孩子看牙科医生……

儿女调动你全身的神经系统，使你随时准备为他们付出，他们开发父母爱的所有潜能，使我们全都成了超级父母。

儿女是我们的明镜

儿女提供给我们两面镜子，一面是他纯然的本性，一面呈现你的反射。

孩子会做出许多大人做不到的事情，比如几个三四岁的孩子前一刻还吵得一塌糊涂，几乎大打出手，即便父母不出面干涉，他们也可能下一刻就和好如初，好像什么事也没有发生。儿子就曾经对我们说："爸爸妈妈好丢脸哦，姐姐和我吵架，不到一个钟头就和好了，你们不高兴却可以整天不讲话。"

记得一次我带坐着婴儿车的女儿出门，她看到每位小朋友就会伸出友谊的小手拥抱对方；儿子在幼儿园看到非洲贫困儿童的照片，立刻打开存钱罐捐出自己积蓄，他说："妈妈，照片里孩子的腿比我的手臂还细啊！"孩子对世界的友善和信任远远超过大人。

孩子会反映我们的一言一行，有时候你会十分惊讶孩子的嘴里会讲出跟你一模一样的话。有一位父亲说，他某次坐孩子开的车时，听到孩子不耐烦地骂不守交通规则的人"白痴""没有脑袋"，他吓了一大跳，因为这是他开车时常常骂的，他警觉到以后说话要小心，否则全被孩子学去了。

一位很有洁癖的母亲发现她的女儿越来越像她，吃的、用的几乎都很难达到她的安全标准，家里必须一尘不染自不在话下。

细心的父母一定能从子女的言语行为中找到自己的蛛丝马迹，子女给我们提供了反省的机会。除了子女，谁能如此准确地反映我们的一言一行呢？

儿女拓展父母生命的视野

家庭是神奇的生命工厂，除了造物主，谁都无法创造这么奇妙的搭配。我的女儿身上有先生的务实、准确、有条有理，也有我的理性、温和；我的儿子身上有先生的善于观察与研究的能力，也有我的想象力与创造力；但是，又不能如此将父母的特性截然划分到孩子的身上，因为我们儿女身上的有些特性又是先生和我的身上同时都有的。有趣的是，当你认为在你的配偶身上是缺点的那个特性，在儿女的身上可能变成了优点。一位父亲说，他开车时最不喜欢太太管他，可是他对女儿的指挥却甘之如饴；一位太太不能忍受先生的慢郎中脾气，可儿子的慢条斯理她却认为是温文儒雅。同样的性格在配偶身上无法忍受，在孩子的身上却成为美好的标志，可见不是配偶的问题，而是自己的偏见。

儿女拓展我们的视野，因为子女是我们所出，我们爱子女，所以我们不会狭隘地看待生命。

儿女在成长的过程中遇到困难时，父母绝对会付出全部的爱去支持。一位母亲说，她原是娇滴滴的千金大小姐，结了婚之后先生继续宠她，可是等到上大学的女儿感情受伤得了忧郁症，她陪伴女儿倍受煎熬却也因此成长很多。她说，陪伴女儿复原的日子，让她成为一位真正的母亲，她的生命更具包容性，更能同情别人。

价值观与亲子关系

父母的价值观毫无疑问会深深影响孩子，我们必须谦卑地审视自己的信仰和价值观。我们从原生家庭与文化中汲取了一些观念，它们影响了我们的情绪，影响着我们对人生的看法。究竟我们从这些观念中得到过什么力量，它们能带给家庭什么益处？

一位长期在台湾工作的父亲，最近打算慢慢结束事业，在美国定居，与妻儿子女团圆。没想到在美国他却与长女发生了严重的亲子冲突。原来在长期分处两地的日子里，长女必须照顾弟弟妹妹，还要代替英文不好的妈妈处理家里大大小小的事务，久而久之变成了一家之长，等到父亲回来团圆，却产生了"谁是家长"之争。女儿觉得父亲不了解许多事情的处理方式，只会横加干涉，而父亲觉得自己才是赚钱养家的一家之主。表面是领导权之争，其实是家庭价值观影响了亲子关系。家庭结构出了问题，女儿成为"代理家长"多年，对父亲的爱和照顾的需要长期不能获得满足，心里的怨恼可想而知。

一对寄养家庭夫妇收留了一个遭遇过家暴的男孩，原因是这位男孩的亲生父母并不了解美国的法令，他们对不听话的孩子施予责打惩罚，男孩的后颈有明显的瘀伤，被小学老师看到，于是孩子被送到寄养家庭去。

父母的教养观影响亲子关系，之前发生在洛杉矶的一个重大事件可作为对天下父母的警醒。某父亲是一位成功的企业家，但是对儿子管教过于严格，经常因为儿子的学习成绩不好而打儿子，一次甚至把儿子的下颌打出血。他的儿子充满怨恨，开始吸毒，父亲直到事态严重才想挽回亲子关系，但是儿子已经不信任父亲，最后因吸毒后开枪杀人被捕，被判终身监禁。

有不少父母把事业摆第一，也有不少父母花许多时间在个人的嗜好上，包括追求自己心灵的寄托，但这些没有把价值观与家庭整合好的父母，最终常会使儿女成为牺牲品。

启发孩子的天赋

每一个生命都不是偶然，都有他特殊的使命，协助孩子看到他的天赋是每一位父母不可推诿的天职。有这一层基本认识，父母才不会强加自己的意志在孩子的身上。

作为一个多年从事教育工作的教师，我曾看到许多孩子的天赋才能被它们父母固有的"唯有读书高"的单一价值观念给毁了。

先生一位亲戚的儿子从小书读不好，被老师同学歧视，先生和我都竭力劝孩子的父母，要赶紧找到孩子的天赋。结果几年后孩子进了一所职业专科学校学烹饪，之后参加全国的烹饪比赛又得了前三名。获奖后这个孩子说，从小到大他没有领过奖，领奖的滋味太过瘾了。

每个人都是独一无二的，都该领到专属于他的奖项。父母看孩子的优点不能只看社会所标榜的成功条件，有的孩子特别有耐心，有的孩子特别温厚，有的孩子很能为人着想，有的孩子能够欣赏别人，有的孩子不与人争，有的孩子有团队精神……我们要看到孩子的专长，协助他在学校或将来在社会中找到他能立足的地方。总之，让孩子活得快乐是非常重要的。

培养孩子宽广的襟怀

俄国作家高尔基在他的《童年》一书中描写他的祖母常常和他坐在他们家后的门槛边讲故事给他听。后门之外是萧索的秋日，灰暗而空旷的天空。祖母读着小亚细亚、西班牙和印度洋之滨的故事，把他幼小的心灵带到几千里之外的世界。这些故事穿过后门之外的天与树，伸展他的想象，让他融入几千里外的世界，与不同时空的人类一同悲喜。

高尔基的故事使我想起我的祖父。小时候我特别喜欢暑假时回到杨梅乡下。乡下人晚饭吃得早，当第一颗星在天边招手时，我们几个孩子就迫不及待搬了椅子坐在后院，等着祖父讲故事。夜空中那一眨一眨的星星是故事的铺垫，带着我们的想象滑过浩瀚的天际。祖父故事的内容多已沉淀在记忆深处，但是当时心境的开阔舒畅至今仍能感受得到。

现在一些孩子崇拜的对象是大财团企业主，在一个经济挂帅的社会，我们不禁会担心孩子是不是有开阔的视野、宽阔的胸襟。我们可以探讨企业家成功的原因，但是人类终极的幸福在于超越时空的局限，越过人性的枷锁，与天地共存共荣、同一气息。

我们可以用文学和诗歌启发孩子的想象，用历史故事带孩子走过时间长河，用天文地理开阔孩子的眼界，用科学实验培养孩子的观察能力以及探索世界的好奇心，全方位的知识才能让孩子与全体人类紧紧相依，使孩子明白他不会是一座孤岛。父母不要因自己的局限限制孩子的心胸，多花一些时间和孩子一同成长才是明智的决定。

以身作则，培养孩子良好的品格

许多人说："父母难为。"因为管教不易，父母费尽心力，孩子还是常让父母伤心。我认为父母难为在如何以身作则培养孩子的良好品格上。

有一次我到一家快餐店用餐，刚好店里有促销活动，但是一个人限用一张折扣券。我的身旁是一对父子，他们点完餐结账时，收银员疏忽下只收了他们一张折扣券。这位父亲似乎顺理成章地把另一张没有被收走的折扣券放进口袋里，想要下次再次享受折扣，儿子眼尖，立刻提醒说："爸爸，餐厅应该让我们用两张折扣券，因为我们有两个人。"我看了看这位父亲的表情，他很快拿出折扣券说："儿子，你是对的！"

电影《冰淇淋的滋味》（*Punktchen und Anton*）是我很喜欢的一部电影。这部电影一反德国电影的严肃，轻松又充满童趣，同时还带有反讽的色彩。剧中的小女孩小不点（Punktchen）生长在富裕的家庭，父亲是外科医生，母亲是慈善家。照理说生长在这样的家庭应该是非常快乐的，但事实上却并非如此。小女孩的父亲为了在医院里掌握更多权力，反对增加医师，因此他要付出更多的心力；母亲为了排解寂寞，忙于慈善事业，到处演讲，其身影经常出现在新闻媒体上，与父亲分庭抗礼。小不点看不到父亲也看不到母亲，父亲总是在医院，而想要见到母亲，只有打开电视，看忙着帮忙募款盖医院、建学校，远在非洲的母亲。

了不起的母亲是别人说的，小不点近距离看母亲却不是那样。电影中的冲突起因于班上的同学安东（Anton）的母亲生病了。为了生活，安东必须接替母亲的工作；安东工作累了，上课就打瞌睡，让小不点非常同情。这一天母亲在家里举办一个慈善派对，小不点把安东介绍给母亲，母亲却一点儿也不关心女儿班上同学的困境，她关心的是与自己的良好声誉有关的事情。因此当安东为了母亲的病偷拿了小不点的东西后，小不点的妈妈非常生气，即使安东的母亲前来道歉，她都只是冷嘲热讽毫不留情。

小不点因此洞悉了父母的伪善，连近在身边自己同学的困境母亲都看不到。当母亲又要取消与家人的相聚去印度帮助贫困儿童时，小不点就说：“骗人，你根本不在乎孩子，你只关心戴新的太阳帽。”小不点决定用自己的力量来帮助同学，她不顾父母的身份，到街头献唱，这终于惊动了父母，父母才惊觉事态严重，认真检讨忙碌却又毫无意义的生活究竟值不值。

小不点在游泳池边把母亲推落水，然后投入母亲的怀里讲了一番发人深省的话。她说：“我不需要新的保姆，我需要新的妈妈。”她希望母亲像安东的母亲一样生病，“最好是感冒、咳嗽，再加上扁桃体发炎”才会在家里陪伴她。虽然是童言童语，却表达了孩子心里真正的需要。在孩子的眼里，有一对尽责的父母比什么都重要，如果孩子看到父母各忙各的，情感疏离，小小的心灵自有判断。

大人是不是谨守自己的本分，孩子是非常清楚的，父母之所以难为、劝不动孩子是因为父母没有以身作则。比如父母教孩子要诚实却没有同样要求自己，说孩子浪费自己却不能节制，说孩子计较自己却常常贪便宜。

一个家庭是不是同心同德，要看父母，父母有良好的道德与品格，自然能得到孩子的尊敬。养儿育女最重要的一点是促进孩子灵性的发展，能让孩子一生受用不尽的不是赠予的财产，而是俯仰无愧于天地的操守与品德。明白了这一点，为人父母者应该如何生活就非常清楚了。

订立协同教养的计划

教养子女是谁的责任呢？传统上先生负责养家，妻子负责照顾孩子。但现代社会的家庭经济结构逐渐改变，妇女接受教育为家庭提供经济来源的能力增加，亲子教育不再是父亲或母亲单方面的责任。事实上，父亲或母亲单方面教养子女，孩子很容易从父母不同的管教态度中找到间隙，尤其是忙于工作的父亲，可能更容易以宽松的态度来弥补自己管教的缺席。

根据研究，夫妻二人团队共同投入子女的教养，互相唱和，既对孩子有正面的影响，也可以增进夫妻感情。但要注意的是，绝大多数男性在成长的过程中，并不被赋予照顾者的责任，因此在参与子女的教养时，可能会遇到想象不到的挫折。这时做妻子的要多多鼓励支持，才不会让先生从亲子教育中抽离出去。

总之，教养子女是一项团队工作，夫妻二人都有可以奉献的长处，孩子应该在母亲的细心温柔和父亲的广阔胸怀中平衡茁壮成长。父亲不该再是"假日父亲"，应平时就在子女身边，参与孩子点点滴滴的成长，体会为人之父的乐趣。

婚前情侣宜提前讨论未来子女教养计划，认识彼此有多大的协调空间：有的人倾向民主，有的人倾向权威，有的人则是放任型。了解应以何种教养态度去培养子女，双方应该花多少时间学习成为称职的父母，做好婚前的准备，绝对有益于婚后的家庭生活。

幸福交流道

1. 你原生家庭的价值观如何影响了自己父母对人生的看法？

---

2. 父母与你的关系如何？他们的管教态度对你有什么影响？

---

3. 你对生儿育女有什么看法？给孩子最好的礼物是什么？

---

4. 你会如何管教孩子？将如何与配偶分担管教的责任？

---

5. 你们希望给孩子培养什么样的品格？应该如何实行？

幸福DIY

勿以恶小而为之，查验自己的品格有什么需要改进的地方。

 幸福电影院

§《天生小棋王》（*Searching for Bobby Fischer*，1993，中国香港）：叙述一位天才小棋手没有世俗的功利心，愿意与人分享冠军的故事，是一部深具教育意义的电影。

§《皇家俱乐部》（*The Emperor's Club*，2002，美国）：叙述一位教授古希腊罗马文明的老师，希望借着伟人的品格来塑造孩子的灵魂结果学生却作弊的故事。

§《十月的天空》（*October Sky*，1999，美国）：讲述一位高中生和他的同学在追求理想的过程中，如何得到父亲的谅解与支持的故事，是一部非常励志的电影。

§《冰淇淋的滋味》（*Punktchen und Anton*，2004，德国）：观众可从一个小女孩纯真自然的演技中，体会到孩子可以从父母的日常言行中感受到父母的品格与爱心，是为人父母者不能不看的一部好电影。

第6章　幸福家庭理财

鸟翼上系上了黄金，鸟就飞不起来了。

——泰戈尔，印度诗人、文学家

钱财并不属于拥有它的人，而只属于享用它的人。

——富兰克林（Benjamin Franklin），美国政治家、物理学家、作家

HAPPINESS
IS ALL AROUND

幸福寻宝图

※　金钱是工具而不是目的。

※　婚前宜探讨彼此的金钱价值观。

※　要平衡供应家庭所需，不是只有金钱的供应而已。

※　要学习平衡预算。

※　了解金钱在家庭中的意义。

不久前朋友从电子邮箱给我发来一段网络上的新闻视频，报道一位妙龄女子偕同男友看房子的经历。她极力怂恿男友买房子，男友觉得房子太贵面露难色，托词说："这个房子离上班地点太远了。"女子说："你不会买车吗？"男友回答没有钱，女子讥讽他："你不会跟你父母要钱吗？反正你是独生子，你父母一定会给你的。"男友不肯，最后女子坐在地上大哭。

也许你和我一样，对这则新闻感到不可思议，也许你和我一样希望这则新闻只是少数极端的例子。然而几年前曾经有一篇报道指出，美国青少年每年花费在衣服、零食、电影以及手机上的费用高得惊人，中国台湾地区也有相同的情形；一家银行针对青少年金钱的使用进行研究，结果发现青少年花了大笔的金钱在购买名牌衣服、球鞋，以及玩在线游戏和买手机上面。

年轻人的消费习惯反映的是父母的金钱价值观。有一次，我和先生午后约会喝咖啡，当我们准备下车时，旁边停进一辆高级跑车，先生说："是蓝博基尼。"我是土包子，但当先生告诉我一辆蓝博基尼要20万美金时，我差点昏倒，因为从车子里出来的是一对二十出头的年轻人，他们说说笑笑，相搂着走进咖啡厅。

我忍不住想，年轻人胃口这么大，下一代怎么办？

爱之适足以害之

一位相识多年的老朋友非常忧伤地告诉我，她的儿媳妇跟人跑了。这让我非常惊讶，因为这位朋友和她的先生是很好的人，吃苦耐劳创业有成，公司因股票上市获利不少。他们爱屋及乌，把公司股份给儿子和媳妇分了一些。除此之外，这位朋友对待儿媳妇也毫不吝啬，名牌皮包、首饰都舍得买给她，所以儿媳妇外遇事件不仅打击了她的儿子，也打击了他们夫妇俩。

原来当这个儿媳妇什么都拥有了之后，人也懒惰了，在她的两个孩子上了幼儿园之后，儿媳妇无事可做，于是每天上网和朋友聊天，不知不觉和一位异性网友搭上线，双双坠入情网，一发不可收拾。

当事情暴露时，儿媳妇虽矢口否认，但两个孩子脸上的惶恐已经说明了一切。

战后的一代努力奋斗，创造了优渥的经济环境给第二代。当父母的受尽辛苦，就舍不得儿女受苦。但是儿女在享受父母辛勤劳动的成果时，是不是学到了正确的金钱价值观呢？一旦贪念在心中扎根，玩起金钱游戏也就不足为奇了。

有一天，我陪老公到家电商场买零件，我站在商场里巨大的电子显示屏前，抬头看着天花板上数不尽的灯光，正照着一条又一条的走道，忽然想到，这么多的大企业，是不是决定了现代人每一天应该工作多少小时，才能创造足够的利润？从前小镇上自家的小商店，只需一个老板打点这个商店，他就可以供应他自己全家的生活所需。现在小商店没有了，全家大小都得辛勤工作才能维持生活，真正的利润谁赚走了？

当经济不景气时，正好可以思索一下，我们的社会将何去何从？现代的生活方式合理吗？这样的生活方式能带给子孙幸福吗？还是未来他们要付出比我们更多的时间去工作？

金钱是工具而不是目的

有一对夫妻刚结婚的时候手头非常拮据，但他们的感情非常好。两个孩子诞生后夫妇俩更加努力工作。先生在公司的职位获得提升，晚上开始加班，有时候太太煮好晚饭等先生回来，吃饭时都已经八点多了，先生满脸歉意，太太也十分体贴，他们互相支持，计划再辛苦几年买了房子就好了。

几年过去了，房子也买了，先生的工作却更加忙碌，太太已经习惯晚上单独跟孩子吃饭，陪孩子做功课，哄孩子上床睡觉。先生回到家，太太赶紧为先生热饭菜，听先生说工作的事，彼此互相鼓励，再辛苦几年换个大房子就好了。

又几年过去了，大房子也买了，孩子们却看不到父亲了，因为父亲陪别的女人吃饭，陪别的女人睡觉去了。

没有人能说金钱不重要，我们可以用金钱改善我们的生活，可是也可能在追逐金钱时忘了最初的目的，直到幸福走远了，才发现路已偏行好远，自己竟然不知不觉成为金钱的奴隶。

婚前探讨彼此的金钱价值观

筱筑和晟晖恋爱三年从来没有吵过架，做婚前关系评量也显示两人是相合度很高、少见的活力型伴侣。但我却迟迟没有听到他们结婚的消息，一问起原因，男孩说："再过一阵子吧，总是要给她一克拉（钻石）。"女孩没有说话。我看着眼前的好男孩、好女孩，非常纳闷他们为什么有这样的观念，为了一克拉还得省吃俭用推迟结婚。

广告媒体非常厉害，将"一克拉的梦幻"，由金婚、银婚市场转向订婚市场，扩大了市场，使钻石成为爱情的代言，这给适婚男孩带来了不少压力，尤其是不想向父母伸手要钱的男孩更不容易。当然也有务实的年轻人，觉得不如把钱储蓄起来。

年轻人由恋爱到结婚，会逐渐发现彼此的金钱价值观是否相同，婚礼的场地布置、宴席预算、蜜月地点……结婚可以花费非常多，也可以花费不多却温馨有爱，重点在于两人的认知以及双方的家庭背景。

为了帮助年轻人控制预算，有越来越多的父母参与婚礼策划，和孩子一同商量婚礼的细节，包括婚戒、礼堂、宴席、摄影以及蜜月等。让孩子全程参与婚礼预算，做最有效益的花费，甚至把预算全交给年轻人，父母只管看预算表。毕竟走入礼堂之后，小两口很快就要面临柴米油盐、房贷压力，婚礼的预算控制对新婚夫妇来说是很好的训练机会。

在许多家庭里，关于什么花费是绝对不能省的这个问题，夫妻双方可能有完全不一样的答案。有的太太认为买车要买性能齐全的，先生却认为车子只是交通工具，实用可靠就好；有的先生买运动鞋一定要买贵的，太太却认为不如把这笔钱拿来买衣服；有的太太认为旅游花费不能省，先生却宁可在家睡觉休息，说不想浪费钱。不少家庭为了什么钱可以花、什么钱不能省而闹翻天，婚前情侣最好能就双方的需要仔细探讨，找到各自金钱消费观背后的心理原因，这对婚后的经济生活大有好处。

原生家庭的金钱态度

绍涵的家庭经济宽裕，父母经商，商界来往注重门面，虽然父母并不会奢侈浪费，但是在吃的、用的方面，父母很舍得花钱。家具、电器、桌椅一定要质量好的，绝不买便宜货。秉恩的父母是早期留学生，省吃俭用，认为一块钱有一块钱的价值，绝不浪费，父亲常把衣服穿到破了还舍不得丢，存下折扣券买便宜货就是他们家的主要消费方式。

绍涵和秉恩婚后一年就为了买家具而大吵一架，因为秉恩要买的书桌绍涵看不上眼，绍涵看上的是有设计美感的电脑桌，秉恩却觉得这样花钱不值得，多一点线条设计就得花双倍的钱，没有道理。

小吵变大吵，绍涵哭着说秉恩不爱她，秉恩愣在那里，不知道这跟爱不爱有什么关系。等到两人平静下来，决定找当初的婚前辅导来评理。慢慢厘清后，才发现两人原生家庭使用金钱的态度不同。从此，他们开始认真思考，他们将来要给孩子什么样的金钱教育，什么是合理的花费，他们开始一起学习区分什么是必要的、什么是想要的，终于有了一致的看法。

探讨原生家庭用钱的态度，有助于婚后两人的相处。有的人受到原生家庭的影响，始终觉得钱不够用，这样的感觉会驱使他不断地追寻金钱上的满足感，可能牺牲夫妻相处的时间，以创造更多的利益；有的人容易受同侪或团体影响，在花钱上喜欢和人攀比，也容易造成过度投入金钱的追逐。

与金钱有关的冲突

一个家庭不论有多少财富，与金钱有关的冲突还是无法避免，家庭治疗师指出，有许多冲突并不真正是钱的问题，而是有其心理意涵：

（1）金钱象征着权力与控制力：有些时候，金钱代表的是地位和安全感，有许多夫妻承认他们之所以产生金钱冲突是因为在谁管钱的问题上不能达成一致，或者是花钱没有跟对方商量。

（2）金钱引起的心理感受：有一对移民夫妇在本国时都有工作，各赚各的，各花各的，家用由先生统筹，从来不吵架，可是当他们移民之后，太太没有上班，先生总管一切财务，争执不断。太太认为自己成为伸手一族，什么都要仰赖先生，失去经济上的自由，心理难以调适。

（3）开放或保守的家庭系统：有的家庭能协调金钱的使用和管理，弹性很高，有的家庭则一成不变，按一种固定的方式运作，发生变化就会导致冲突。

研究显示，能共同讨论财务计划的夫妻，对婚姻的满意度，比只由单方决定家庭财务的夫妻来得高。夫妻共同拟定财务计划，探讨彼此的消费和储蓄习惯，只要秉持开放的心态，双方反而能借由共治共享共同承担，促成亲密的关系。

平衡供应家庭所需

据估计，我们一生中有80%以上清醒的时间在从事或想着跟金钱有关的事情。一项调查显示，大多数美国人，在金钱上所花的时间，远远超过在夫妻情感、人际关系以及健康方面所花的时间。许多夫妻平时谈话多围绕着钱财的话题，很少谈及人生的价值与心灵的成长。家庭中，因为投资失利、股票涨跌而争吵的大有人在，有些夫妻甚至把金钱看得比自己还重要。

有一对夫妻各领各的薪水，财务完全分开。有一次我听他们吵架时太太说："我一个钟头赚多少钱，你才赚多少钱？"

记得我们刚到美国时，暂时住在硅谷高科技地区，曾听到小孩之间的对话："我爸爸把你爸爸的公司吃掉了！"可见大人的谈话会影响孩子，造成孩子争强斗胜的心态，失去建立纯真友谊的机会。

还有一对夫妻，相当聪明，精于各项投资，他们津津乐道的是每次去拉斯维加斯赌博能赚多少钱。儿子遗传了他们聪明的基因，也对投资理财充满向往，哈佛毕业后立刻投身华尔街。

各行各业都需要优秀聪明的人，但生命的意义是什么？经营一个家庭需要全方位的考虑：夫妻相处的时间与质量、亲子关系、孩子思想与情感的引导发展、体魄的锻炼、姻亲关系、休闲活动、与孩子探讨生命的价值与意义……每一个方面都需要投入大量的时间与精力，单单金钱的供应并不能满足一个家庭的需要。

追逐金钱的迷思

1. 以为所得到的完全是靠自己赚来的

努力工作当然可以获得报偿，不劳而获当然可耻，但是在努力的背后，我们应当明白，能够调动整体宇宙资源的不是渺小的个人，地震、海啸、干旱等各种灾难都可能将辛勤一生的成果毁于一旦。

2. 以为多赚多得

金钱是通货，它是流动的，为了互通有无，它在全体人类生命共同体中扮演着重要角色。若有人以不当的方式垄断囤积资财炒作价值，则违背了整体人类的幸福。历史教导我们，贫富差距拉大可能引起社会动荡，个人是社会的一分子，不可能独立于整个社会。

3. 以为钱财可以带来幸福

金钱提供必要的保障，衣食住行样样需要金钱，但是幸福感并不取决于钱财的多寡。有些人为了增加10%的财富，却得多耗费80%的时间和精力，这中间无形的损失不小。

4. 以为钱财是给孩子最好的礼物

不少家庭因财产起争执，夫妻反目，兄弟失和，长久不相往来。反观那些没有产业的，兄弟手足互相扶持帮助。有时朋友之间可以共患难，却难以同享乐；共同打拼、情同手足的朋友，也可以因公司发展分配利益不公而互相厮杀。

学习平衡预算

婚前，情侣尚未进入实际的婚姻生活，对未来的生活开支或许没有具体的概念，但是在婚前学会掌握自己的生活需求是必要的。如果发现自己某一项开支特别高，就应该查明消费的原因，确认下个月是否需要调整预算。

学习简单的记账。计算机是很好的工具，可以帮助自己控制花费。信用卡使用方便，年轻人刷爆信用卡的事情时有所闻，取消多余的信用卡非常重要。如果没有在婚前养成良好的消费习惯，婚姻生活易陷入经济压力中。

新婚夫妇最好能将婚姻成长学习所需的费用放入预算中，每一个月存一点钱，每半年或一年参加一次夫妻成长学习营。有一对美国夫妇已经共度五十寒暑，时常买婚姻家庭的书籍一起研读，并且经常参加夫妻成长营会，他们说还在学习如何取悦对方，他们互相看对方的眼神，比新婚夫妇还深情。

家庭预算仍须以价值观为主导，以促进婚姻和谐幸福为主要目标，譬如奉献支出、孝敬长辈、教养子女、购屋计划、锻炼身体、均衡饮食、休闲活动、医疗保险、学习成长、济助贫困等，夫妻定期讨论，增定修改家庭预算。

金钱在家庭中的意义

我们的生命是有目的、有价值的，我们若是发挥了天赋才能，必定会对整个人类有所贡献，金钱是我们对家庭、对社会做出贡献的良好工具。

有很多年轻的新婚夫妇拼命工作加班赚钱，他们说："没有办法啊！孩子请保姆也要不少钱。"至于保姆会不会陪孩子讲故事，启发孩子的智能，他们就不管那么多了。我并不是说妻子一定不要工作，但是一定要有全方位的考虑。金钱不是为了实现夫妻单独一方的目的，所以做妻子的不能为了满足自己的需求，要先生拼命工作，先生也不能为了增加家庭收入，要妻子多加班，影响与孩子相处的时间。

婚前，情侣宜就双方的生命价值多加探讨，了解金钱能提供的帮助，未来会花费多少时间精力在工作上，能给家庭多少幸福，对这些问题都做通盘考虑，才能避免婚后因为金钱消费观念不同而发生争执。

在美国，许多人并不留财产给子女，认为给子女财产反而剥夺了子女挑战自己的机会。他们乐于捐献钱财给学校以培育人才，乐于捐献资产给第三世界贫穷落后的国家，帮助提高教育质量并提供医疗资源，让金钱的使用更有意义。

我们要善于使用金钱，充实自己，教养子女，不剥夺子女学习和使用金钱的机会，以身作则地帮助别人而不希冀有任何回报，让金钱在家庭中发挥它的意义。

幸福交流道

1. 你的原生家庭是父亲主管财务还是母亲主管财务？他们理财的方式如何？对你有没有影响？

_____

2. 请和你未来的伴侣讨论双方原生家庭对待金钱的态度。

_____

3. 请和你未来的伴侣探讨金钱对幸福家庭的意义。

_____

4. 请和你未来的伴侣讨论未来的工作计划。该计划对家庭有什么影响？

_____

5. 练习和你未来的伴侣共同拟定婚礼预算。

_____

6. 你们打算婚后几年有孩子？如何平衡家庭预算？

_____

幸福DIY

开始练习拟订生活预算，并且拟定储蓄计划。

幸福电影院

§《贫富之间》（*For Richer or Poorer*，1997，美国）：叙述一对纽约社交界名人夫妇因为欠国税局三百万元税款，潜逃到宾州乡下阿密许人（Amish）保留区的农村过贫穷简朴的生活的故事。他们由奢入俭难，闹了不少笑话，却也重建了正确的金钱观，体会到夫妻间的真爱。

§《来到美国》（*Coming to America*，1988，美国）：这部由艾迪·墨菲主演的幽默爱情片描述了一位非洲小国王子放下财富与权势，以"真我"追寻"真爱"的故事。

第 7 章 化解冲突（一）

——情绪按钮

用温婉的怜恤叩门，再沉重的铁门也会开放。

——莎士比亚（William Shakespeare），

英国演员、剧作家、诗人

怨恨就像自己吃着毒药，却希望别人中毒死亡。

——谚语

幸福寻宝图

※ 冲突是关系的危机，也可能是转机，若处理得好，关系反而更加亲密。

※ 了解冲突的根源，不做情绪机器人。

※ 冲突是因为需要爱。

※ 亲密关系的深化是在一次次情绪事件中，一起携手走过原始生命的伤痛。

※ 将内在无法意识到的情绪按钮带到我们思想、感觉和行动可以意识到的地方，这样可以避免无意识的情绪继续伤害我们。

※ 重建与原生家庭的关系，是一种成熟负责的行为。

※ 努力学习化解冲突的技巧。

半夜里，床头的电话突然响了，林太太从睡梦中翻过身，把电话接起来，电话那头传来的是远在美国的儿子的声音，断断续续，夹杂着哭泣声。儿子说："我不想活了。"林太太一下子完全清醒过来，吓出一身冷汗，她赶紧问儿媳妇在哪里。儿子说他们夫妻刚才起了冲突，媳妇出门了，他想结束自己的生命。

林太太赶紧叫儿子安静下来，不要冲动，她会立刻飞去美国。

好不容易把儿子安抚下来，林太太忽然一阵悲从中来，她很想打电话给儿子的爸爸，可是他们已经离婚，她不想听到另一个女人的声音。林太太起床打开计算机，上网订了机票，决定一个人去解决儿子的婚姻问题，只是她百思不得其解，儿子和儿媳妇才结婚半年，应该是最甜蜜的时候，有什么不能解决的事情呢？

伤痕依旧在

在夜阑人静时，当我们闭上眼睛，想想我们周遭的亲人朋友，最让我们伤心的，莫过于冲突没有解决，伤痕还在心上。

也许你想跟一位朋友恢复对话，可是害怕被拒绝；也许你想和你的兄弟姊妹重新建立良好的关系，可是彼此的误解那么深；也许你不愿意想起自己生命中的某一个人，因为一想起他就会带出痛彻心扉的感觉。

冲突，在我们的生命中无法避免，当我们的期待与他人有落差时，内心会产生冲突；当我们的观念与别人不一样时，也可能产生冲突；当我们处理问题的方式不同时，当我们身心疲惫时，当我们感觉压力时……冲突很有可能随之而至。

亲密关系中的冲突最难处理，而且关系越亲密，冲突越可能产生。有的夫妻从来没有争执，却并不等于两人关系非常亲密，有可能为了避免冲突，其中一人从来不发表意见，不说出心里的期待，不敢分享内心的挣扎、矛盾和脆弱。

日本近年来老年离婚率大增，人老了还有力气吵架离婚吗？不是的，是因为他们年轻时没有认真处理自己和对方的需要，一味逃避压抑，到了黄昏之年，认为没有必要再委屈自己而离婚。

冲突是关系的危机还是转机，要看我们如何处理冲突，以及看待冲突的方式。处理不好当然会带来伤害，但若处理得好，关系反而会更加亲密。

冲突有其内在的原因，它与原生家庭的创伤有关，没有处理过的原生家庭的伤痕，会形成一个心理按钮，在日后的亲密关系里不断出现。类似的情景，相似的语气，都可能带来一场灾难。没有处理的伤痕并不会因为时空隔绝而消失，相反，旧的伤痕会带出新的伤痕，并且可能因为时间的久远而变形，尤其是原生家庭的伤痕，会影响日后对人际冲突的反应及处理。

寻找伤痕的根源

承熙和郁秀产生冲突一般都是因日常小事，比如衣服没有收好啦，电视遥控器乱放找不到啦，但是小事往往演变成大事，甚至会导致人身攻击。

承熙最不能忍受的是郁秀一直批评他没有努力的方向，他觉得自己已经很努力了。有一天夜阑人静时，承熙望着熟睡的郁秀，忽然觉得郁秀说的是对的。从小他就不知道努力有什么用。父母会在乎吗？他们不是照样冲突吗？他们有因为他的好表现而更加相爱吗？承熙觉得一切都不会有希望的。

郁秀虽然父亲离去，但与母亲关系非常好，还有外祖父母的支持照顾，对世界仍然保有一份热情。郁秀了解承熙创伤的根源之后，决定与承熙一起寻求专业的帮助，他们有信心，相信只要经过医治和学习，一定会改善他们处理问题的模式。

找到伤痕的根源非常重要，它会让我们彻底明白冲突的原因，帮助我们对症下药。我们应当明白，冲突之所以产生并不是因为对方讨厌自己，故意为难自己，而是因为对方现有的资源不够，不知如何处理问题，因此冲突的真正讯息是：我卡住了，我需要帮忙！

不做情绪机器人

爱珍结婚三十多年，她的心底有一种不为人知的痛：她的先生不仅拒绝和父亲来往，还把儿子赶出家门。她非常愤怒，可是不敢跟先生决裂，一方面怕自己的父母伤心，一方面也心存盼望，希望有一天全家会团圆，毕竟还有女儿在家里。爱珍消极地以拒绝同房作为惩罚，与先生的关系变成暗藏敌意的室友。

爱珍原来认为自己嫁了一个没有良心的人，怎么会有人和亲生父亲断绝关系呢？这在她是无法想象的。后来经过学习，才了解到先生的原生家庭给他造成了许多创伤，先生的安全范围非常狭小，他必须隔离一切他认为的障碍才能生存。

爱珍开始对先生多出一分同情，对先生的坏脾气也开始慢慢接纳，知道这不是冲着她的，而是先生内心受伤的小男孩在说话，先生不知道自己只是情绪的机器人，随着原生家庭设定的程序做出既定的反应。

而自己何尝不是如此？每一次先生说的话不都激怒她了吗？每一回的激怒点都一样，是不是自己也有孩童时期的情绪既定程序呢？当焦点回到自己身上，爱珍终于明白，自己没有办法发挥全部力量，是因为自己也是一个带伤者，也是一个情绪机器人。找到自己在婚姻中可以担起的责任，也就找到了力量。爱珍决定先改变自己，做一个体贴的妻子，从自己的温柔话语开始，用爱来唤醒先生心底的爱。

冲突是因为需要爱

亲密关系的冲突是因为内心需要爱，了解了这一点，就可以避免不必要的困扰。

我在婚后多年才找到办法摆脱原生家庭的影响，提升解决冲突的能力。印象中，我自己的父母发生冲突时，大都是父亲讨好母亲。但母亲也绝不是不讲理的人。事实上母亲相当聪明，能力强，负责任，是能承担大任的人，只是她在婚姻中得面临不同语言、文化的冲击，又要在艰苦的经济环境下生养七个子女，心理压力之大可想而知。母亲情感丰富却很少表达。我曾听母亲叙述自己的童年，对于死于战乱的外祖父充满孺慕之情，十来岁的她就担负起照顾两个弟弟、一个妹妹的重任。因此，母亲婚后有太多的压力却无从纾解，只想尽力给孩子们安全的环境，她并不知道自己已变成一个压力锅，随时可能爆炸。

这样的家庭背景使我对一个人情绪的成熟要求特别强烈，我甚至害怕冲突，宁可息事宁人。后来才知道，息事宁人往往会带来更多潜藏的伤害。

当我认出母亲心里那个受伤的女孩，了解她内心极深的恐惧和担忧，我才知道母亲需要许多爱，难怪父亲如此疼惜呵护她。我真正认清真相后，自己才终于可以当情绪的主人，正视家庭冲突的意义。

情绪的教育越早越好，每一年我回到台湾，总要见见我亲爱的学生们，他们现在都已为人父、为人母，是社会各行各业的中坚力量。

有一年我请学生们吃饭小聚，有太太的带太太，有孩子的全家出席。其中有一位学生的四岁儿子不肯上桌，在一旁闹情绪。我的学生对我说："老师，对不起，请给我五分钟。"我看他把儿子带到一旁坐在椅子上，对儿子小声说话，不久，就看到一大一小开开心心地坐上了饭桌。

我心里纳闷，恐怕才两分钟吧，就有这么好的效果？如果是责骂，孩子一定带着眼泪；如果是威胁，小家伙一定瞪着我；可是这孩子笑嘻嘻地上了桌，莫非给了什么好处？

果然是好处，一个极大的好处。我的学生说："老师啊，我只是倾听并跟他一起探讨了他的情绪。"

我想，这个孩子在这样的原生家庭长大，将来一定很能处理人与人之间的冲突。

成熟的爱经历过创伤

今天，即使我们尽一切努力爱孩子，也不可能保证孩子不受到一点伤害，一句否定的话、一声斥责、一个不允许，或是"你应该""你必须""你怎么可以"……所有这些都可能让孩子天真的眼神抹上一层错愕和惊吓。我们都是平凡的人，父母和我们一样，不可能完美，面对原生家庭的创伤我们要做的绝不该是责怪父母，而是了解自己情绪生命的根源，了解代代相传的努力，知道自己的天赋，也知道自己的局限，在真实的基础上，重新规划自己的人生。

不能面对自己的伤痕以及伤痕的起源，就不可能有真正的救赎，也不可能为他人受伤的心灵提供安慰。

在一次次情绪事件中，一起携手走过原始生命的伤，亲密关系才能进一步深化。当心中小男孩或小女孩的泪水大量涌出，在亲密伴侣的鼓励安慰下，一次情绪生命得以重建，这是一次生命的再生之旅。

成熟的人格能够平衡独立和亲密，自愿付出爱也接受爱，能信任别人也能提供安全，内心不再受到过去的牵制。人格成熟是从不自主的依附（孩童依附父母）到独立成熟（个体化），再到能自主地与人产生亲密关系并自然联结的过程。从依附到个体化的过程中，如果受到创伤，后续发展的亲密与联结自然会受到影响，这是环环相扣的关系网络。唯一的修复方式，是重建与原生家庭的关系。

瑞祺是一位电子工程师，与妻子慧妍恋爱七年后结婚。慧妍从事室内设计，非常有艺术天分，每天瑞祺下班回到家，就能享受美丽妻子精湛的厨艺，在柔和的灯光下与爱妻共进晚餐。旁人都羡慕他们郎才女貌，是天作之合。

随着女儿和儿子的降临，瑞祺和慧妍的工作也越来越忙碌，瑞祺经常加班，慧妍则和一位好友成立了室内设计公司。每天下班回家，两个人都累得不想下厨，柔和的灯光不见了，孩子到处堆积的玩具取代了雅洁的居家布置。

一天，慧妍忍不住对瑞祺发飙："你看，你都不能做好榜样，家里乱得像猪窝似的！"瑞祺连续加班几天，太太的艺术眼光在他看来是不可忍受的洁癖，不知哪来的怒气，瑞祺立刻反击，两人一来一往，刹那间，瑞祺把娇小的慧妍拎起，逼到墙角。

千钧一发的时候，瑞祺停住手，他哀求慧妍："我们不要吵好吗？我怕失去理智。"

瑞祺痛苦地落下眼泪，为了刚刚上演的一幕懊恼不已，这是他从小看父亲对母亲做的举动，让他最厌恨的举动，从小他就发誓绝不会这样对待妻子。

不幸的是，有了第一次就有第二次……四年后慧妍提出了离婚要求，瑞祺沉默地接受，他没有争辩。他想，这是他的宿命。孩子归慧妍，他没有资格教养孩子。

这是一个不幸的故事，瑞祺和慧妍进入婚姻，原生家庭的创伤让他们从天堂掉到地狱。他们不知道，创伤是可以医治的，瑞祺以为的诅咒是可以转为祝福的。

对原生家庭的研究告诉我们，如果你不喜欢你父母的某些部分，你也不会喜欢全部的自己，因为它已化为我们的意识，有意无意地指挥着我们。我们也许不会完全复制父母的版本，但也很可能是扭曲的版本，除非我们能保持知觉。虽然这不是我们能选择的，原生家庭的伤痛会在我们的灵魂中定型，如果不想让这些伤成为灵魂的破口，只有选择理解和宽恕、重建与和好。

重建与原生家庭的关系

重建与原生家庭的关系是一种成熟的行为，象征过去的我不能做主，未来的我要自己负责。

成熟的成年人对自己要负起的责任，是将内在无法意识到的情绪按钮带到我们思想、感觉和行动可以意识到的地方。这样可以避免无意识的情绪继续伤害我们与配偶子女的亲密关系，同时也为孩子的成长提供一个良好的情绪基石。

我看过一个遭受父亲性侵的教学录影带。影片中这位女士剪了一个非常短的发型，穿着一件西装，像男士一样跷起腿，她和父亲近距离坐着，两人的眼神似熟悉又陌生。接受过治疗的女士选择回来面对生命的痛。随着谈话的进行，父亲和女儿的眼里都布满泪水，十多年来活在忧伤痛悔中的父亲，接受了女儿的宽恕，女儿也终于能接受自己，勇敢地踏入婚姻殿堂。

这位父亲也有不幸的童年，六岁的时候曾遭受近亲性侵。这个伤痛一直在他的内心折磨他、扭曲他的人格，没有医治过的伤痛，被再一次带到婚姻当中伤害了他的亲密关系。

面对过去要有极大的勇气，不是每个人都能与过去和解。但是，能在心里选择面对，选择感恩与饶恕，却一定会对未来的亲密关系有益。

我的六妹对我说："我天天在家陪伴妈妈，伴随妈妈变老，妈妈已经不一样了。"是的，母亲老去，由少女变成老妇，历经战乱直至今天，伴随原生家庭以及她和父亲所组成核心家庭的种种事件，母亲的情绪生命跌宕起伏，唱出自己生命的歌。每一个情绪事件也引领着母亲探索自己，只是她不曾说过。

有一年我回台湾看望父母，我和母亲坐在一起，鼓起勇气拥抱母亲。母亲很高兴，我再亲了她一下，跟母亲撒撒娇，母亲不习惯地躲着，我不让她逃避，继续抱她，忽然觉得我可以疼一疼母亲心中的小女孩。日后每一次打电话给母亲，我都会说："妈妈，我好爱你！"

化解冲突的技巧

当冲突的两个人陷在情绪的泥淖里，最好的方法是先离开现场。但是离开之前非常重要的是，一定要让对方知道，这只是暂时离开，目的是让双方冷静，并不是要抛弃对方。简单的做法就是明白地说："让我暂时冷静一下。"

当双方可以再重新沟通时，就可以运用以下几个技巧：

1. 倾听与同理心

通常冲突发生的时候，双方都会认为是对方的错，尤其是脾气失控的一方。当我们了解每一个人都是带伤者，而冲突的内在原因是需要爱的时候，就能够降低敌意，用积极倾听的态度接纳对方。

所谓的同理心，是让对方知道我们关心他，接纳他，而且能够准确地了解他。同理心是沟通的基础，只要有一方愿意表达同理心，立刻可以降低冲突的可能性。

有一次我处理一对发生了冲突的父子，当时他们都觉得自己受了伤，我只是请双方冷静下来。我先把父亲所说的意思讲出来请他确认无误，这一位父亲立刻觉得被了解了，脸上的怒气顿时消失；再将儿子的意思说明请他确认，儿子也表示被了解了。双方当下就明白，彼此都没有伤害对方的意思。倾听与同理心运用得好，可以解决许多的问题，尤其是同理心，更是我们一辈子要学习的功课。

2. 确认彼此的需要

将对方的思想和感觉用试探性的说法说出来，请对方确认。例如："你是不是觉得……因为……"冲突常常是由于误解了对方的想法，或是没有听明白对方的感觉。我们的对话往往侧重收集信息，突出想法的部分，而忽略了说者的情感。譬如当太太说："累死人了，事情这么多！"先生就回答："我做的会比你少吗？"那么冲突的可能性就提高了，因为先生没有听到太太的感觉，自然无法提供安慰。

3. 找出潜在关注

每个人都有自我防卫机制，有些藏在意识底层的情感或想法需要更多的感恩和怜恤才能找出来。我们往往以为很了解对方，所以容易断章取义，遽下结论。事实上有些想法是连当事人自己都不知道的，我们怎么可能比他自己更清楚呢？

电影《阿凡达》（*Avatar*）最打动人的一句话是"I see you"（我看见了你）。因为当你说"I see you"的时候，意思是说"I see into you"（我用心看见了你/真正了解你）。世界上有一双关怀的眼，能够进入你的内心，这是多么幸福的事。

4. 寻求创意和双赢

创造力是上天给我们的礼物。我们往往太坚持己见，缺乏耐心，只想说服对方，而失去了创造双赢的空间。我们开车遇到道路施工，都会想办法绕道而行，可是当冲突发生后却不知道此路不通，硬要撞个头破血流才罢休。

认清情势，掌握状况，或者来个脑力激荡，两个人想方设法，比只听一个人的意见有趣多了！

沟通是头脑与心理的问题，不是嘴巴的问题，它是一种心理能力，牵涉到认知的能力、关怀的能力、安全感的提供以及接受新经验的能力。如何化解冲突是每对婚前情侣都应该学习的。检视原生家庭化解冲突的模式，注入新的养分，才能为将来的婚姻、亲子关系带来美好的祝福。

幸福交流道

1. 回想原生家庭的情绪事件，哪一件令你印象深刻？

_____

2. 原生家庭处理冲突的模式如何影响你？

_____

3. 想一想自己觉得难受、沮丧、痛苦或失落的情绪来源。
   小时候是不是有类似的经验？

_____

4. 找机会请父亲和母亲讲讲他们原生家庭的故事。

_____

5. 举例说明化解冲突的技巧。

_____

6. 试着找出父亲或母亲内心的小孩，拥抱他们。

_____

幸福DIY

　　学习倾听自己的情绪。情绪涌现时，不做任何批判，静静地观察。

 幸福电影院

　　§《我们的故事》（*The Story of Us*，1999，美国）：一对个性完全不同的夫妻，因长久缺乏爱的沟通，只要触及对方敏感的话题，立刻陷入唇枪舌剑，不可收拾，即使强颜欢笑，孩子也知道父母情感出了问题。好在两人仍有一丝情感维系，夫妇二人终于领悟到婚姻生活的可贵。

　　§《来电传情》（*Hanging Up*，2000，美国）：三位姊妹各忙各的，彼此之间甚至跟父亲之间的联络都依赖电话，经常一言不合就挂断电话。等到父亲生病了，二女儿开始与父亲有了互动，因此开始了解父亲、接纳父亲，也更认清自己，由此重新建立父女感情和手足之情。

HAPPINESS IS ALL AROUND

第 *8* 章　化解冲突（二）

——观念系统

很多人自以为在思考，其实只是在重新安排自己的偏见。

——希腊谚语

幸福寻宝图

※ 思维会引发情绪，所以应当觉察情绪背后的思维。

※ 思维受到原生家庭和文化的制约。

※ 主观的知觉无法带出健康的关系，所以我们要常常检
视自己信以为真的想法或观念：它是真的吗？它是否
掺杂了很多自己的情绪？

※ 要检视容易伤害关系的惯性思维。

※ 养成优质思考的习惯才能掌握情绪的主动权。

治疗和学习是幸福关系的一对翅膀，治疗让情绪得到安抚，学习则可以拓展观念，从更高更广的角度看事情，加快创伤复原的速度。

有一天先生陪我去看眼科医生，在等候就医时，有一位七十多岁的老太太大声说话，想不听都不行。她对旁边的一位女士说："我住在阿罕布拉市的养老院二十多年了，大家处得很好，就是那一个人特别坏，有脑筋的人都知道他是个坏蛋……"不一会儿，听她说话的女士进去看医生了，她继续对旁边刚刚坐下的人说："……那个人是坏蛋，有脑袋的人都知道。"我先生问我："刚刚护士问她，她说她不看医生，那她来做什么呢？"我说："她来做心理治疗，找人听她说话。"先生无奈地说："这可是眼科啊！"

突然老太太站起来上洗手间，又喃喃自语说着同样的话。

看到这一位老太太，我的心里非常同情她，很明显她的情绪被困住了，而且观念非常僵化，以至于行为举止如此怪异，不知道她有生之年能不能摆脱困惑，享受有限的人生。

不同思维导致的情绪事件

记得多年前参加一次朋友聚会，一位朋友带着她需要照顾的一对年龄相近的儿子。席间，她的这对宝贝儿子时而斗嘴时而抢玩具，弄得这位朋友非常尴尬，她忍不住抱怨："真是受不了，被他们烦死了。"大家也有受到干扰的感觉，这时一位朋友说："啊，孩子就是这样嘛！精力旺盛多好！"一句话让大家的情绪放松下来，开始欣赏这对精力旺盛的宝贝。

每一个情绪事件都有可能由一个内在的情绪按钮所引发，也有许多时候是由我们的思维尤其是惯性思维所导致。

当这位朋友看到自己的两个儿子吵闹时，她可能产生了两种惯性思维，一是打扰大家真不好意思，一是儿子让她觉得教育失败。这两种思维会带来挫折感，使大家陷入同样的情绪，幸好此时另一种逆向思维产生，解救了我们，大家顿时如释重负。可见我们常常在无意间被一些惯性思维操控，它们左右着我们的情绪，甚至会导致冲突的发生。

很多人的思维都是不由自主、自动化而且不断重复的，这不是理性的思考。有一位父亲在理性思考、跟人交谈的时候，会说不要逼孩子，让孩子自由发展，说得头头是道，可是当他的儿子考不好时，他却勃然大怒。我们要避免让惯性思维决定生命中的大事件，因为那常常会导致无法挽回的结果。

思维受到原生家庭和文化的制约

爱珍的先生从小就常受到父亲的指责："你不够好，你不可能有成就的。"这已经化为他的内在声音，成为一种批判论断的惯性思维。等他长大结婚有了孩子，他也一直没有办法欣赏孩子的活泼与创造力，只会用传统的方式教导孩子。

我们也可能受到文化的影响，比如"唯有读书高"的观念就世世代代深植在中国人的脑海里。当孩子的休闲运动与读书时间冲突时，父母通常会希望孩子把读书放在第一位。孩子书读不好是不可接受的事情，远甚于孩子不会帮忙做家事。

一位华人女子参加美国的电视直播歌唱选拔赛，这位具有歌唱天赋的女子已届中年，她在选拔时当场激动痛哭，说这是她的梦，可是从来不被允许。

"我知道什么是对你最好的。"这是父母的惯性思维。只要观察聚在一起的父母谈论他们孩子时的态度就可以知道，在他们说起自己的孩子时，其实里面没有孩子，只有他们自己的观念。难怪青少年常常会抗议，指出父母向外人所陈述的，并不是真正的他们。

我们很少检视自己的观念系统，看看在我们的观念系统里面，有多少是理性思考，有多少是惯性思维，而我们对事件的反应就被这些观念系统指挥着。

惯性思维还可能造成价值观的混淆。我们可能希望孩子是一个安分守己的好孩子，可是从小却又不断地灌输他："不要输在人生的起跑点上。"又或者，你希望先生多花时间陪伴你，却自在地享受先生花在事业上的精力所换取的金钱。

比较认知与事实

我们经常将自己的认知当作行为判断的基础，而认知多半是来自个人对原始资料的诠释。譬如小时候经常被父亲否定的人，他可能觉得父亲并不爱自己，同时在他的潜意识里也形成一种认知：

"否定＝不爱"。这种认知自然会影响他的人际关系：在公司被上司批评时，他觉得深受伤害，他会把上司就事论事的批评当作人身攻击；在婚姻里这种认知的影响更为严重，有一天当太太给他建议，"你这样说话会给别人不好的感觉"，他可能暴跳如雷，因为他认为太太否定他，一点儿也不爱他。

认知常是主观的，与事实有差距，你所相信的这个论点，别人很可能并不相信。同样被上司批评的人，可能认为上司的观点是对的，回去好好改进；被太太说两句，也可以轻松幽默地带过。

所谓的事实应是客观的，它是已经证实为真的原始数据，对所有的人而言它都是真的，而且无论在任何时间、任何地点都是真实的。譬如从小经常被父亲否定的男孩，他也看到了父亲为他付出的一面：父亲曾经骑着自行车载他去看电影，父亲曾经带他去钓鱼，那么他对父亲与他的互动所形成的"爱的认知"就比较客观，长大之后对人性复杂的互动，也能比较客观地做出响应。

主观的认知无法带出健康的关系，所以我们要经常检视自己信以为真的想法或观念：它是真的吗？它是否掺杂了我很多的情绪？它有益于亲密关系吗？它是否会伤害亲密关系？不断跳出来伤害亲密关系的认知，我们要找出来修改，否则总是困在同样的系统里，对身心都是很大的伤害。

几种容易引起争端的惯性思维

情绪是一条很好的探索自己的线索。当情绪起来的时候，我们可能伤了自己也伤了别人，不妨静下心来想一想，刚刚情绪的背后是什么观念在指挥自己？这个观念到底合不合理？这个观念真的对家庭好吗？对孩子好吗？最重要的，这个观念是不是一直在伤害自己？

我常常听到以下几种容易引起争端的习惯性的说法，它们其实多半来自代代相传的惯性思维：

1. "你应该……"

我们常常听到这一类的说法："你应该考100分的。""你应该了解我。""你应该帮我忙的。""你应该照顾妹妹。"……诸如此类的用语都隐含了"你不够好"的指责，容易让听者不舒服。

2. "你总是……"

"你总是不守时。""你总是不听我说话。""你总是唱反调。""你总是要我牺牲。"……这一类以偏概全、不是很客观的说法，容易引起对方的情绪反弹。

3. "你为什么……？"

"你为什么要这么做？""你为什么不听话？""你为什么要让我伤心？"……这一类思维方式是责怪式的，都是别人让自己不开心，一切都是别人的错。

4. "你不……"

"你不应该。""你不可以。""你不好。""你不懂事。"……这类否定的说话不胜枚举，在我们的生活中几乎天天都可以听到，被否定的人怎么可能有好的情绪？

　　其实除了以上常听到的，我们还经常会对过去紧抓不放，对未来充满焦虑，常常忽略"当下"才是最真实的时刻。太太紧抓先生过去的错误，父母为孩子的未来过度忧虑，都能引发争端。

　　我们的记忆给我们提供了美好的回忆，也让我们储存伤痛。一对夫妇因先生外遇寻求帮助，当夫妻沟通的能力改善、先生也愿意花更多的时间陪伴妻子后，大家都看得到先生的进步，只有太太看不到。这位记忆力特别好的太太，绝不放过先生过去所做的事，最后还是以离婚收场。

　　一位父亲可能为了就读高中的儿子数学没有考好而勃然大怒，因为他的观念系统已经设计出一套快速运作的心理反应程序：数学考不好→没有办法考上好的大学→没有办法找到好的职业→不可能有好的未来。藏于体内的神经传导系统会正确无误地让他做出这样的情绪反应，就像计算机一样。

　　我们一旦开始检视我们的观念系统，情绪生活就会得到很大的改善。

认知弹性与合作能力

　　根据脑部专家的研究，有一个扣带回（Cingulate Gyrus）纵贯额叶中心深层，掌管注意力与观念移转。扣带回功能正常的人较具有认知弹性，能看出生活中的各种选择，更能与人合作、解决问题；相反，扣带回功能异常的人，常出现认知僵化的现象。

　　一对夫妻经常为了什么时候洗碗吵架，太太希望先生吃完饭就洗碗，先生说："再给我五分钟，篮球赛快要结束了。"太太说："不行！一分钟都不行！一定要建立好习惯，现在就去洗！马上！立刻！"

一位父亲常为了晚饭时间儿子还在房内迟迟不出来吃饭大发脾气，等到儿子好不容易出来吃饭，父亲大怒说："菜都冷了，你不用吃了！"

也许我们从开车就可以知道一个人"卡"住的情形有多严重。在美国当我们开车遇到有"Stop"符号的告示牌时，就会停下来看看四周有没有车，谁的车先到。这时忽然有一部车没有停下来就直接闯过去，有的人可能因为受到惊吓而骂一句："没水平！"有的人会非常生气地骂："王八蛋！"骂好几次。有的人不只骂"王八蛋"还外加比手指，愤愤不平，心情久久难以平复。

被强迫性思维卡住的人，会钻牛角尖，容易生气，甚至沮丧。有些症状严重的人可能需要药物治疗。但研究结果显示，改变观念也可能改变我们的大脑功能。

心意更新

每日盘旋在我们心里的到底是些什么思想呢？到底是我们把思想用作处理工作的工具，还是我们被思想控制？如果思维方式是导致冲突的原因之一，那么，我们就应该管理自己的思想。

根据现代神经科学的研究，大脑杏仁核是情绪反应的关键部位，它与新皮质的互动运作决定了我们的情绪反应。新皮质是思考的重镇，负责搜集和理解感官接受的信息。新皮质的数量增多，必然增加杏仁核与新皮质互动的神经路径，这意味着面对挑战时可以有更多样的反应。譬如说如果相信自己是非常有福气的，这样的信念存在大脑新皮质，当新皮质与杏仁核互动时，自然会增加快乐的可能性。

可见大脑新皮质是情绪多样化的功臣，使我们的情绪更加丰富多样，不只是失望、愤怒、伤心，还可以有同理、有盼望、有爱等。如何增强我们大脑新皮质的功能便成为一件重要的事情，这也就是心理学"认知治疗"的根据。

所谓增强大脑新皮质的功能，就是掌握情绪的主动权，避开现代社会一些不良的浅薄思考与批判，用优秀传统文化的真理来奠基，促进情感与理性的融和，使我们既能享受情绪又不被情绪控制。

1. 养成优质思考的习惯

当我们很快在人、事、物上贴标签、下断语的时候，就离真相越来越远，因为我们一旦给人、事、物贴上标签，就不可能再对其进行深入了解。批评论断造成的伤害是冲突当中最难弥补的，会让我们失去生命的喜悦与创造力。而当思维习惯都是正向的，自然不会让负面的言语脱口而出。

2. 放下内在的负累和认同

我们总是习惯于找一种认同，认同自己在某一些方面比别人好，冲突时总是别人错而自己对；或者是认同自己是受害者，总是要求别人补偿。内在的负累和认同形成了一种钳制思想，让我们失去客观和自由。

当我们放下种种成见与偏见，放下无谓的认同或负累时，就能看到彼此的生命处处有亮点。

3. 意识的提升

我们想要在产生问题的意识层面来解决问题是不可能成功的，更何况这个正在进行自我察觉的"我"，是"受伤的我"。"受伤的我"在思考时，如何能够客观呢？这也就是说，一个受伤者要进行自我疗愈非常困难，除非能够提升意识的层面。

意识的提升需要多角度的视野，甚至是"全视"的视野。刚开始时，我们要能转换角度，用对方的立场去看、去想，从不同的角度一同来检视双方的关系，以真诚、负责的态度来面对双方原生家庭代代相传的情感模式，并寻求改进。

冠禺与爱伶相恋多年，两个人都到了适婚年龄，冠禺迟迟不敢向爱伶提起婚事，因为冠禺从小活在父亲的否定中，自我形象低落，他怕自己没有能力给爱伶幸福。

爱伶是个贴心的女孩，她只是默默地鼓励冠禺、支持冠禺，可是无论爱伶怎么告诉冠禺他是多么优秀，冠禺还是会在心里打问号，童年的伤痛总是不断跳出来指责他："你真是没有用！"

当冠禺终于鼓起勇气向爱伶提出结婚的请求时，爱伶说："这是我一生最动听的邀请，可是，我可以有一个小小的请求吗？我们一起寻求婚前辅导的帮助吧。"

那一天，辅导老师给冠禺一页书签，上面印着：

你是我的爱子，我所喜悦的。

一时间，冠禹的眼泪滑落下来，他终于明确了自己的身份，他不是那个没有信心的小男孩，他是有用的。

在辅导老师的帮助下张开明亮双眼的冠禹，他的意识提升了，看到自己有很多优点，他终于开始自由地分享、自由地去爱。

幸福交流道

1. 想一想，自己的负面情绪出现时，背后有什么观念?

   _____

2. 把这些观念写下来，寻找与之对应的正面观念。

   _____

3. 想一想，哪些观念常阻碍你的人际关系? 为什么你会有这样的观念?

   _____

4. 找出自己常有的惯性思维，这些惯性思维是真的吗?

   _____

5. 在你目前的挣扎中，什么样的信念可以成为你的盾牌保护你?

   _____

幸福DIY

　　每天建立一个正面信念，并且观察这个正面信念的运作情况。

 幸福电影院

　　§《楚门的世界》（*The Truman Show*，1998，美国）：一家电视公司领养了一位孤儿，并且拍摄他成长的故事。除了楚门，其他的人物全是演员，配合楚门演出，而楚门并不知道。这是一档真人秀节目，收视率很高。楚门被禁锢在巨大的摄影棚里，直到有一天他看到被操控的虚假世界，视野打开，内心才获得真正的自由。

　　§《天使爱美丽》（*Amelie*，2001，法国）：父亲特殊的管教方式以及母亲突然去世，使得少女艾米丽活在跟别人不一样的世界里。有一天艾米丽发现，浴室里藏了一个40年前一位小男孩的聚宝盒，她历经千辛万苦，终于物归原主。当艾米丽看到老先生激动的泪光后，她决定从此行侠仗义，默默帮助别人，由此开创了不一样的人生。

　　§《我的名字叫可汗》（*My Name Is Khan*，2010，印度）：该影片讲述了患轻度自闭症的男主角可汗在母亲去世后来到美国，与美丽的单亲妈妈曼迪亚结婚的故事。

第 *9* 章　我愿意听你说

当你走近请你细听，

那颤抖的叶是我等待的热情，

而你终于无视地走过，

在你身后落了一地的，

朋友啊！那不是花瓣！

是我凋零的心……

——席慕蓉《一棵开花的树》

幸福寻宝图

※ 聆听表示对于对方存在的尊重。

※ 聆听是了解的第一步。

※ 给别人说话的空间是一种责任，也是一种尊重。

※ 聆听不只是听对方陈述的事实，更要聆听对方生命的
　 需要。

※ 内在契约会导致选择性的倾听，成熟的态度是重新调
　 整内在契约。

※ 每个人都有被完整聆听的需要。

※ 安慰与医治由聆听开始。

有一位恋爱中的女孩告诉我，有一次她去男朋友家吃饭，气氛非常活跃，大家话说个不停，忽然间她停下来，发现了一件很奇怪的事：整个餐桌分成三组人员，男友的爸爸和大哥是一组，她和男友以及男友的二哥是一组，男友的妈妈自己一组，大家各说各话，没有人在听。妈妈的声音很大，可是没人注意，每一个人都在抢着说话。

我问她："那么，你和男友单独相处时，谁说话多？"她想都不用想马上就回答："当然是他啰，他们家就是这样，不抢话就没有说话的机会。"

"他曾经专心地听你说一段话吗？"我问。

她想了想，摇摇头。

"那么，你认为他有兴趣了解你吗？"

聆听是相知的第一步

瑞士名医杜尼耶（Paul Tournier）说："人要有倾听的对象，这项需求的强烈程度是超乎想象的。仔细听听我们世界中所有的对话，包括国与国之间、丈夫与妻子之间的对话，我们会发现，那些对话绝大部分都是聋子与聋子之间的对话。"

记得有一次我和一对夫妇一同去超市采购，刚下车时，太太对先生说："你记不记得上一次……"太太还没有说完，先生马上回答："记得。"惹得我们大笑起来，太太没好气地说："你知道我要说什么吗？"

根据我辅导的经验，我发现婚姻中的问题，有一大部分是无法聆听造成的：先生没有聆听太太的，太太只顾说自己的，父母也没有听孩子说话，大家都很忙，忙于做事情、交代事情。

惠芸的身上就有类似的情形。当她爱上一个男孩时，已经三十多岁。她原以为自己将终生独处，就在这个时候，男友出现了。对方是一位相当成熟的男性，在一家广告公司上班，风度翩翩，惠芸很欣赏他。

惠芸告诉我，他们约会时总有说不完的话，至少惠芸是这么以为的。可是事实上并非如此，从艺术欣赏、广告设计概念到文艺活动，男友有说不完的话，而惠芸总是在听话。男友的话语带出许多美丽的画面，让惠芸非常崇拜。除了约会，两人在电话中也有说不完的话，惠芸觉得他们的爱情很充实。

惠芸常去男友居住的地方，有时候帮他煮个饭热个菜，陪他熬夜写稿校对，同时听他说话。深夜回家再处理自己公司的事情，她觉得男友让她开了眼界，让她的生活多彩多姿。

有一次，惠芸听到男友和别人在电话里谈论一件事，口若悬河说个不停。她恰好有事着急和男友探讨，于是不断看手表暗示，男友却还是意犹未尽，说得高兴，等到挂完电话转过头看着惠芸时，惠芸已经毫无兴致了。

他们终于吵架分开了，男友非常错愕，问惠芸为什么。惠芸说："我们的爱情是一场误会，你只是在跟自己谈恋爱，根本就不认识我。"

我愿意听，因为想了解你

埃默森（Ralph Waldo Emerson）曾经说："被他人了解是人生极大的满足。"言语正是上天的礼物，通过言语我们可以深入地了解一个人。两个人要维持良好的关系，一定要有对等分享和聆听的机会。

许多孩子关闭了与父母沟通的管道，不是孩子们不愿意说，而是父母根本没有在听。

一位单亲妈妈打电话跟我抱怨，说她和女儿的沟通有很大的问题，因为她的女儿经常打断她的话，没有耐心听她说话。这位妈妈对我说："你都可以这样专心听我说话，我的女儿可不是这样，她随时打断我，还要发脾气，要不是我是她的妈妈，我早就把她炒鱿鱼了。"这位母亲很聪明，脑筋一直飞速转动，说话又急又快，每一段话之间没有逗号和顿号，更没有惊叹号，话语里缺少感情，别人完全没有插话的空间，我几次想打断她的话都不可能，难怪她的女儿会不耐烦。

给别人说话的空间是一种责任，也是一种尊重。

一对婚前情侣和我谈话时，出现了这样的画面：他们在叙述所面临的沟通困境时，男孩才张开嘴，女孩就先说了。女孩子并不是在抢话，只是她没有意识到男孩回话总是慢半拍，我好几次得先阻止女孩，男孩才有发言的机会。

这个大男孩抱怨他的妈妈意见特别多，从小到大，什么事都插手：他要读哪一所大学，妈妈有意见；他要选的科系，妈妈也有意见；他按妈妈要求吃魔鬼餐减肥，减肥成功了，想慰劳自己一下，妈妈骂他没节制；现在他要结婚了，婚礼仪式要听妈妈的，饭店要妈妈选的才可以，因为钱是妈妈出的。

成熟的个体可以自由表达他在关系里想要和不想要的部分，这位大男孩和他的母亲之间有强烈的情绪纠结（enmeshment），显然他个体化的成熟程度还不够。通常情况下，父母干涉过多，没有给孩子自由表达的机会，即使孩子长大准备结婚，心理上也还是个孩子。

听到未婚妻也抱怨他不够积极主动，大男孩无奈地说，他怕表达的意见不能让未婚妻满意。听起来特别让人辛酸，这个男孩要能毫无畏惧、自由地表达自己，恐怕还有一段路要走。

婚姻是两个成熟的个体走向联合的过程，父母的聆听在孩子走向个体化、成熟化的路上有很大的意义，绝不能小看聆听在教育及心理上所占的分量。

我愿意听，因为我敬重你

一位结婚六年的太太在电话中不断哭泣，因为先生有了外遇。她说幸好他们没有孩子，否则孩子就受苦了。这位太太是有智慧的女人，她在伤心哭泣之后，冷静找出外遇对象吸引她先生的原因，原来这位第三者并不是什么妖艳的狐狸精，但是有一点是她没有做到的，那就是常常景仰地看着她的先生，安静地听她的先生说话。

这位女士说，她的先生是老幺，上面有四个哥姐，父母询问意见总是轮不到他，因此他从小就觉得自己不受重视。偏偏她是家里的老大，管弟弟妹妹惯了，婚后也喜欢对先生发号施令，她从来没有想到，先生也需要被尊敬、被聆听。

有人说，只要你在餐厅坐上十分钟，观察用餐的男女，从他们互相看对方的神情，就可以知道他们是情侣还是夫妻，若是夫妻大概是结婚多少年。通常含情脉脉地凝视对方的，绝不会是夫妻，而拿着杂志报纸挡在前面的，差不多是结婚十年以上。

尊敬对方，承认每一个人是独一无二的，而每一个不同的生命所体验到的世界也是独一无二的。世界通过不同的个体来展现，我们有限的经验并不能解释全部的真相。聆听你的生命，我的心向世界开启另一扇门。

有人说："他的观念和我完全不一样，我实在是听不下去！"对于这样的情形最好是抱"保留"态度，而不是完全否定，在内心里为对方腾出空间，允许对方有改变的自由，这是对生命的敬重，也是给自己的成长留足空间。

夫妻之间最容易因对方的态度而失去倾听的意愿，尤其是当一方表现出愤怒的情绪时，另一方很容易关上心门，沉默不语或是转身离开，不再尝试了解对方。这样的做法是将两人的距离拉开，久而久之容易形成"各过各的，相安无事最好"的情形。我们如果希望借由沟通开启关系的亲密之旅，最好能练习弹性地调整内心的状态，成为一个"善听者"，沉淀自己，穿越对方的情绪，听到他内心的真实声音。

听到自己的内在契约

戴维·奥斯伯格说，每个人都有一个"内在的契约"，即我们内在的一些自知和不自知的指示，它会引导我们与他人的沟通，影响我们与他人的关系。我认为聆听恰好是对内在契约的测试：有哪些话我不愿意听？哪些人说话我不想听？我能不能给人平等说话的权利？我会不会因为一个人的话语就全然否定这一个人？

这种情形在政治和宗教领域特别明显，因此在各种聚会中我们会听到这样的提醒："除了政治和宗教，什么都可以谈。"一般大众谈到这两个主题容易失去理性，对不同想法的人缺乏耐心，索性关闭耳朵，甚至不去理会持不同见解的团体。一位非常有涵养的女性朋友说，当她看到一个媒体人又在无的放矢、恶意中伤别人时，她真想把他"杀掉"。她很吃惊自己会产生这样的想法，她说："可见每一个人都有犯罪的可能，要小心哪！"

与亲密的人相处，要特别小心内在契约的定型。当先生评论某些事情时，太太是不是听都不想听？当太太说起孩子的成长叛逆事件时，先生是不是立刻发起脾气？当孩子说起学校的老师不公，做父母的是不是会马上选择站在其一边？只要随时留意，我们可以发现我们的听力深受内在契约的影响。

内在契约的形成固然与成长和学习经验有关，但是觉醒后，我们可以避免无效的沟通。成熟的沟通态度，是愿意重新调整与他人的内在契约，每时每刻都有一个开放和珍惜的态度，因为人会改变，内在的环境会改变。此时此刻我和你的存在应该带来新的关系，带来新的聆听。

我耐心听，因为我珍惜你

一位太太说："哎呀，都是老掉牙的故事了，再说也是那些，我都懒得听了。"

其实人一生的经验也就是这些，太刺激太惊险的，恐怕也不会在婚姻生活中发生。但老故事也会带来新看法新启示，就看你有没有一颗愿意聆听、愿意陪伴的心。

我的先生最喜欢提他"认路神童"的故事，这个故事起码说了十次以上。他说起五岁的他，如何带着妹妹沿着铁轨走回家，而这一条路他之前只走过一次。他总是神采飞扬，好像故事昨天才刚刚发生。他跟孩子一再提起，我忍不住会说："啊！又是会认路的故事！"

先生说他的脑袋瓜里有罗盘，我也坐享其成，有他带路，于是路痴就更加路痴。最近，我家这位认路神童不太灵光了，有时候绕来绕去找不到路，他感叹说："罗盘有点失灵了！"我忽然很想再听听他神采飞扬地讲一遍认路神童的故事。

旧故事会带给人新的发现，有时候是说的人有新的体悟，有时候是听的人有新看法，有时候听众换人了自然会有新的感觉。有一颗新的心，就有新故事。

耐心听人把话说完，是爱，也是尊重。我最不喜欢看到新闻评论节目中的来宾抢着说话，当然节目有时间的限制，有收视的考虑，可是通过媒体传播，大家越来越喜欢抢话，耐心倾听的人更少了。

父母时常打断孩子说话，孩子语言表达受阻，信心就会受挫；

父母如果津津有味地听孩子说话，孩子会得到很大的鼓励与肯定。

耐心听，津津有味地听，你就永远有一颗年轻的心。

我关心你，聆听你生命的需要

很多青少年参加领导才能训练时，都很注重表达能力的训练，我不否认表达能力非常重要，但是一双会聆听的耳朵，更是领导人所必须具备的。否则领导人如何能听到大家的需要，从而提振团队的士气？

婴儿哭的时候，有经验的父母可以立刻从哭声中分辨出孩子是饿了还是尿湿了，绝不会在娃娃饿哭时，急急忙忙找干净尿布换。面对还没有发展语言能力的婴儿，父母的听力显然不错，可是当青少年明明白白告诉父母"我需要空间！"时，父母却往往听不懂。

阻碍听力的是内心的傲慢与偏见，认为孩子不懂事。如果你在心里已经跟孩子敌对了，怎么可能听进孩子的话？佑宁就丧气地告诉我，他的妈妈从来不听他的话，只会从狭隘的视野看他。当批判挡住了视线，当妈妈的又怎么看得到、听得到他的需要？佑宁道出了许多年轻人共同的心声。

夫妻的争执大半来自不认真听对方的话，我相信如果夫妻双方都能用心聆听对方，冲突就至少可以减少一半。

善于聆听的先生，当太太说"我好累！"时，可以分辨出太太是需要休息还是需要帮忙；善于聆听的妻子，听到先生回家开门关门的声音，就知道先生今天上了一天班的心情如何，知道自己接下来该如何陪伴他。

聆听的耳朵来自谦卑的心，因为谦卑，所以能跨越情绪的障碍，钻到别人的心里，听到对方心底真正的需要，给对方安慰。

记得儿子大学决定转系时，觉得十分受挫，因为他发现自己作为荣誉学生进去的科系，竟然和他所期待的完全不一样。同学们都活在小小的自我空间里，没有人与人之间的情感联系，他内心十分孤单。我走进儿子的房间，他正在听陶喆的歌，我静静地坐在他的旁边，和他一同看着歌词，进入他的伤心世界。后来儿子给我一张卡片，卡片上写着："谢谢妈咪，希望生命转弯处有你的陪伴。"

借聆听一起提升

人与人的沟通出问题，通常是因为只注意到事情的需要而不是人的需要。事情原是因人而产生，但是当人们在沟通事情的时候，往往忽略了是"人"在谈事情，不是事情在谈事情，谈话的主角是人。人是有感情有生命的，当一个人在谈一件事情的时候，是带着他的生活经验、知识和判断的。一位著名广告公司的总经理接受采访时说，他之所以能把产品销售成功不是因为他会说，而是因为他会听，他能听到客人的需要，他说成功的销售观念其实是关怀与聆听。

许多父母恰好相反，他们急着将自己的观念推销给孩子，却没有聆听孩子的需要；夫妻之间争战不休，往往是因为没有聆听对方的感受，只在乎事情是不是顺利进行。有效沟通的第一步，是认识到双方是一种团队合作（team work）关系，没有你，谈话就没有意义。

在婚姻的过程中，我也有沟而不通的时候，心里想明明事情这样处理就会很好，为什么又会那样处理了呢？后来我想通了，事情处理得如不如自己的意并不重要，重要的是"我们"一起经历，我们在沟通事情时，是在聆听对方的生命与感情。

当你认真聆听一个人的时候，你是和他就这一件事情做心与心的联系，两个人借着事情一起提升，远比把这一件事情做得完美来得重要。

倾听微声

有一年我参加国际真爱家庭协会举办的全人深度旅游，其中一天的行程是自由选择泛舟或骑马，我两样都不行，但内心很向往"马上英姿"，于是选择到山上骑马。

那是我的"处女骑"，先生警告我："有的马会欺生，你要显示出很有能力驾驭的样子。"这么一说，我更加害怕，上下两难，骑也不是，不骑也不是。突然我想到电影《马语者》（*The Horse Whisperer*）中小女孩与马的沟通，决定效法一番，诚实为上。我打开心门，轻拍马儿，告诉它我是不折不扣的生手，如果冒犯它请原谅，我不知道怎么驾驭，就请它带我吧！

上山的路湿漉漉的，十分狭窄，我听得到自己忐忑不安的心跳。尤其是当马身稍微倾斜，我看到路旁杂草掩盖的斜坡不知多深多远，真是吓出一身身冷汗。渐渐地，我听到马儿平稳的呼吸；渐渐地，我听到黄色白杨树与微风沙沙应和；渐渐地，我听到自己所置身的这一片美丽的山林……

在日常生活中，有许多时候我们听不到细微的声音，那常常是我们可爱的孩子的微弱声音。一对夫妻原来准备到夏威夷度假，机票早已买好，孩子也兴奋地期待着。一天夫妻两人为了该带哪一个行李箱吵了起来，太太希望带有保护作用的硬壳行李箱，先生觉得太重没有必要，太太觉得先生管太多，先生气愤太太什么都有意见，两人的声音越来越大，以致听不见孩子微弱的恳求："爸爸妈妈不要吵了，那只是一件小事。"盛怒的先生把机票撕掉，太太气愤地乱抛先生的衣服。孩子的眼泪静静地流下，父母却都没有听到孩子真诚的恳求。

人的情绪常常像狂风巨浪，像地震与海啸，总要尽情破坏之后，在声嘶力竭之后，在疲惫不堪之后，人们才忽然惊醒，才隐隐约约听到仿佛从天际缓缓飘下的真理之声。

安慰与医治

聆听是一把最安全的无形手术刀，它仿佛带着一股特别的能量，静静穿过与复杂情绪黏在一起的层层创伤，悄悄割除溃烂的伤口，让慰藉由此进入，施行医治。从事辅导工作的人不乏这样的经验，有时只是聆听，就足以让流泪的人破涕为笑。

每一个人都渴望得到完整的聆听，完整的聆听不只是把话从头到尾听完，完整的聆听意味着不被批判，被平等对待与尊重，能听到自己的意向、价值与情感。被专注聆听时会觉得自己的存在是被重视的，欢乐与忧伤、挣扎与成长都被深深理解。完整聆听所带来的爱远超过其他的关怀技巧，它像幽谷的和风，送来暖流，让低垂的头抬起，让迷茫的眼睛重新焕发光彩。

　　因爱情的吸引，一对情侣愿意共同组成家庭，那么毫无疑问，成长过程中的创伤将会在未来的生活中挑动彼此的情绪。那么，听！好好地听！循着对方情绪的指标，医治创伤的良方就在那里。

幸福交流道

1. 为什么倾听能有疗愈作用？请讨论分享。

_____

2. 有哪些因素会阻碍你专注倾听？如何改善这种情形？

_____

3. 聆听他人说话时，你是否容易选择性地听？你能听到自己的内在契约吗？

_____

4. 你生命中有没有愿意倾听的朋友？请分享被聆听的感觉。

_____

5. 你愿意增进自己聆听的能力吗？要如何实行？

_____

6. 两人一组，做专注倾听练习，并分享自己的感觉。

_____

幸福DIY

从今天开始，用和说话同样的精神与力量去聆听。

 ## 幸福电影院

§《马语者》（*The Horse Whisperer*，1998，美国）：描述一位小女孩和一匹马共同走过生命的创伤与医治过程的故事。小女孩面对自己的伤残，还能怀着爱心聆听马儿身心的创伤，陪伴爱马走出伤痛记忆，重新站起来。

§《明日记忆》（*Memory of Tomorrow*，2006，日本）：描述一位女士照顾自己逐渐丧失记忆的先生，由聆听他的话语到聆听他的表情的故事，有冲突，有了解，反映了从有声到无声照顾的深爱。

第 *10* 章　爱的对话

我很少在意别人说了什么，我只关心他是怎么说的。

——艾略特（T. S. Eliot），英国诗人

婚姻是长期的交谈。

——史蒂文森（R. L. Stevenson），苏格兰诗人

幸福寻宝图

※ 自觉地说话是长大成熟的一个标志，一边说话，一边注意自己的语气、语调、说话的速度以及声音的大小，如此训练可以改善人与人之间的关系。

※ 说话要有意识，就是我们说话时是在传递真正内在的声音，是希望跟人产生联结。

※ 专注与真诚是爱的沟通的要素。

※ 说话不是一个人的事，它涉及三个方面——你、我和个人信仰。

※ 建立深厚情感的真正对话要敞开自己，有内在的沟通。

※ 完全接纳和请求宽恕是打开沟通之门的钥匙。

※ 爱的对话里有信任，有了解，有宽恕，有怜悯，有真诚，是把自己当礼物送给对方，滋养彼此的生命，两人共同成长。

记得有一次全家人在车上时，女儿的手机响了，是她男友打来的。女儿轻声细语地跟男友说话，在最后一句小声的"I love you"中挂断电话。全车立刻起哄，儿子抓住机会笑话姐姐："哇！好甜蜜哦！I love you！"

再也没有比恋爱中的声音更甜美的了，好像是小云雀在天空轻盈跳跃，自信又美丽。每一对恋人都曾经有这样的声音，如果这样的声音和语气能延续一辈子，离婚恐怕是天方夜谭。

语调、语气和态度

不知道你可曾听过录音机里传出来的自己的声音？我听过，不怎么好听，这真的是我的声音吗？还是录音机丑化了我？怎么有人说我的声音好听呢？不对哦，我的姐姐和妹妹们曾说我的声音高八度，儿子说我的声音有时候很刺耳。女儿说："妈妈，不要这么high（高声）。"可见自己听自己的声音，跟别人听是不一样的。

研究一下自己说话的声音吧，你会发现说话的声音跟场合有关，也跟话题有关，当然跟说话对象也有关。

说话的语调和语气，以及说话的态度跟原生家庭脱离不了关系。这个事实对于非常讨厌凶爸爸或唠叨妈妈的人而言，也许是相当残酷而无法接受的事。然而好消息是，我们可以通过接受事实、自觉地说话来改变这种情况。

有一天，一位朋友的儿子给我打电话，虽然我从来没有见过他，但通过这次电话联络，我发现这位二十多岁的大男孩说话的语气、速度、抑扬顿挫，跟他的妈妈像极了，听他说话，就让我想起他的妈妈。有一次我对先生说话所用的一个词语敏感，我说："可以不要用这种说法吗？"先生则反问说："这样说有什么不对吗？我们是乡下长大的。"可见说话与原生家庭的关系。

现在有越来越多有关声音的研究，各类研究结果都让我们不能否认，一个人说话的语调、速度、语气和态度，都会对自己的声音和说话效果产生作用。自觉地说话是长大成熟的一个标志，一边说话，一边注意自己的语气、语调、说话的速度以及声音的大小。我们自认为已经习惯某种说话的方式，却不知道我们说话的方式其实还有很大的成长空间。

回想自己求学的过程，哪一位老师令你印象深刻，绝对和这位老师说话的态度有关。这位老师说过什么话你也许不记得了，可是老师的态度、神情却会深印在心坎里。我就记得自己高一的语文老师，每次上课时都背着手、踱着方步，沉醉在文学世界里。我们随着她的缓慢微吟进入古典文学的花园。她气质高雅，说话甚是好听，60岁了还是有一颗满是诗情的心，我甚是喜欢。

说话要有意识，就是我们说话是在传递真正内在的声音，是希望跟人有亲密的联结，那么自觉说话就十分重要。我们这一生说了许多话，究竟它有没有表达真正的情感，达到关心他人并与他人产生联结的效果？还是自己说得高兴就好？

有机会和朋友谈话时，请朋友给你一个回馈：你说话声音的大小、频率、速度怎样？有没有需要改进的地方？让朋友们给你改善说话的建议，相信会有一番收获。

说鼓励人的话

你希望养育怎样的孩子呢？表现不好却很有信心，还是表现虽好却缺乏信心？当然，每个人都会希望孩子表现好又很有信心。那么，唯一的方法就是不断地鼓励孩子。

我们一家刚到美国的时候，发现一个现象，那就是美国的老师常常鼓励孩子，家长的态度也是一样，无论考试得A或B都很棒，C也可以接受。美国家长普遍认为考不好是能力问题，能力与遗传基因有关；可是很多华人家长却容易把孩子考不好归咎于不用功，因此往往吝于鼓励。

在缺乏鼓励的环境下长大的孩子，自然也不容易鼓励别人，要创造善的循环，除非从自己做起。

美国著名的婚姻实证研究学者约翰·高特曼（John Gottman）博士和他的研究团队曾经针对两千对夫妻做了一项长期的研究。结果发现，幸福婚姻的夫妻正面互动表达的次数是负面互动表达次数的五倍。可见维持幸福的婚姻，正面的互动表达非常重要。

慰轩和龄臻认识两年，两人都到了适婚年龄，龄臻怕夜长梦多，希望赶快结婚。慰轩好几次答应婚事，又犹豫不决。我跟他们谈话的时候，发现龄臻时常责怪慰轩，一会儿说他脾气不好，一会儿说他什么事都不肯跟她商量，又说他是大胖子，是个没情调的人。龄臻的批评让人一头雾水，被说得一无是处的人，你怎么要嫁他？

慰轩很想辩解，又被龄臻抢白。

慰轩上初中时，父亲和母亲离婚了，母亲常在他面前说自己命苦，遇人不淑，慰轩不太表达情绪，只是笑母亲想不开。他遇到龄臻时，龄臻刚结束婚姻一年，他很想照顾龄臻。

让他困扰的是，龄臻为什么常常泼他的冷水。龄臻以前也常泼前夫冷水吗？他的母亲已经很负面了，龄臻又常对他说负面的话，在两个负面的女人身边，他要如何自处呢？

我们谈话后，龄臻认识到慰轩没有信心的事实，表示愿意尝试鼓励慰轩。隔两周再见面时，龄臻指着慰轩说："他啊，总算有进步了！"

"总算"有进步了？可见鼓励是件多么不容易的事情！

建立平等沟通的观念

每一个人都是独立的个体，都是上天独一无二的设计，人与人之间要建立良好的关系，一定要有平等对话的观念。

原本相爱的夫妻话却越说越少，有一个最大的原因是不能平等沟通，没有尊重对方的经验与感受。夫妻如果长期是"你高我低"式的不对等说话，久而久之被压抑的一方必定关上心门，或者找别人聊去。

我们常常在餐厅或是一些聚会场所听到一群人聊天，那些聊得很开心久久不散的人，大部分是朋友或同事，除了有共同的话题之外，最重要的是有平等的立场，可以放心自在地谈话。

夫妻共同生活难免有不同的看法，说话时要避免攻击型的谈话，若在言语间有意无意地贬低对方，绝对会造成"双输"的结果。配偶做事的方法为你提供了更深入地了解他的机会，令你见识到不同的视野，即使不同意对方的做法或想法，也要有心胸接纳，做到"agree to disagree"（大家同意，双方都可以有不同的意见）。给彼此时间和空间去转化，也许哪一天我改变了同意你，或是你改变了同意我。不是常听到夫妻这样的抱怨吗？"你看，当初就不听我的，现在证明我对啦，还跟我吵翻天！"总之，攻击争吵是无效的，只能伤害彼此感情。

许多父母抱怨孩子不跟他们聊天，原因是父母特别不容易做到与孩子平等地对话。父母总是以强者之姿管教孩子，而不是用循循善诱引导的方式。想想看，当孩子跌倒了，父母用哪一种说法比较会让孩子喜欢和你说话？是居高临下问"为什么走路不好好走"，还是蹲下来跟孩子一起讨论"我们来看看，为什么跌倒了"？

有平等沟通观念的人会用"我……"的方式表达自己的意见和感受，而不是用"你……"的方式去指责对方。

有平等对话观念的人，不会去猜测别人说话的动机，或是替别人说话，而是会尽力维护别人完整表达的权利，只就自己所听到的部分做明确的了解，同时避免论断。平等对话是让人真正打开心门的关键，能让双方享受对话里的情谊以及内在的洞见。

真诚与专注

真诚与专注是倾听的标志，也是爱的对话的要素。如果你有这样的经验，感受会更加深刻。有一天，我接到一位朋友的电话，说着说着，我忽然听到流水声，再过一会儿又听到撕东西的沙沙声，我问："你在做家事吗？能不能等你忙完再打？"

平日谈话，全神贯注是尊敬别人，也是尊敬自己。我们需要知道每一次对话之门打开，可以同时开启三方联结——你、我与自己的信仰，每一次谈话都不是偶然。夫妻之间与其花费十分钟边看报边谈话，心不在焉，还不如专心谈话三分钟交流充分。

有一次电视上看到一位16岁的女孩竟然把我们这些父母辈年轻时代的歌曲、罗大佑先生的经典作品《滚滚红尘》唱得非常好。她唱歌时全心投入，歌声细腻，穿梭在每一个字的细微情感里，轻轻送到你的心里，好像一点都不想打扰你，却让你流眼泪。

原来歌是这样唱的，说话不也如此？能打动人的说话绝不是巧言善辩，也不是大声疾呼，有时候因为真诚而无法连贯通畅的话语，或是因拙于言辞而涨红了的脸更能打动人心。

放下手边的工作，让眼睛从电视、计算机或手机上移开，时间会腾出很多，足以让你共享与家人与爱侣的亲密对话，那是弥足珍贵的时刻。

尝试深层的沟通

夫妻间亲密的对话是上天的恩赐，因为有爱，可以深入彼此的内心，了解过去的历史、曾有的梦想、对未来的期待。在亲密的对话中，夫妻可以自由地表达在婚姻关系里想要什么、不想要什么而没有恐惧，彼此在爱里安慰，在爱里疗伤，寻找共同的盼望。

深层的对话有时会带来更多伤痛，那是必要的代价，得到的将是两人心灵的合一，不再孤单。每一个人都有内在不愿意碰触的部分，如何在最好的时间、最好的场所，以最真诚的爱心去探索彼此，是需要智慧的，也是一辈子的事。

电影《情深到来生》（*My Life*）对深层沟通的障碍有相当精彩的表达。剧中的男主角罹患肺癌，太太已有身孕，他急着在有限的岁月里留下一些记录给未能谋面的孩子，最好的方法就是录像。他对着录像机滔滔不绝，妻子却很惊讶为什么先生从来不跟自己谈这些。妻子哀戚地指着腹部的胎儿恳求："Please. Love us."（求你。爱我们。）先生却只能对着没有生命的录像机尽责任。后来，录像镜头带着先生回到原生家庭，他才知道自己深层沟通的障碍来自童年，对父母爱的不能得到满足使他深锁心门。

我曾认识一对夫妻，他们因为有相同的信仰而相爱，没想到婚姻维持不到三年就开始出现问题，朋友们十分错愕。朋友们纷纷关心劝说，婚姻又勉强撑了几年，最后还是以离婚收场。我对这对夫妻十分了解，他们不曾有心灵的对话。先生的原生家庭太看重个人的成功，对他们而言，任何困难几乎都不可能存在。于是他把原生家庭的气氛带到婚姻中，以轻松嬉笑的态度掩饰挫折，避免心灵的探索，使得夫妻之间缺乏内在对话的基础，爱情空洞而不扎实。

太太的原生家庭是一个破碎家庭，她从小就看父母吵架，非常难过，十分期待婚姻生活可以倾心吐意，偏偏事与愿违，她越想谈话，先生越逃离，终至逃离她的视线。

有怜悯有恩慈

如果深入探索自己，认识自己的需要和满足，就会关心别人的需要和满足。

雅心被维成吸引是在医院当义工的时候。她看到维成在医院里安慰癌症末期的小朋友，深为感动。那时维成不仅在医院当义工，还是地球的守护者、环保积极分子和素食者。

当接受维成的邀约时，雅心极为快乐，她相信善良的人一定会带给她幸福。

慢慢地，雅心感觉他们的相处有一种说不出来的压力。维成对一些事情有强烈的主张，如果雅心有不同的看法，维成心里虽然不快，但会勉强配合。

维成来自单亲家庭，父亲早逝，从小做什么事都是靠自己的努力。他对幸福并没有概念，只觉得人生无常，能做的就只是把握行善的机会。维成自律严谨，他对于医院的小朋友有一份特别的情感，觉得他们的命跟自己一样苦，他有义务去爱护他们。雅心是第一个闯入他内心的女孩，气质高雅。他们的家庭非常不一样，他很担心不能让雅心幸福。

雅心的家境不错，父母共同经营事业，有一个姐姐、一个弟弟。雅心聪明又努力，心思单纯。

这一天是雅心的生日，雅心很希望和维成有单独相处的时间，可是维成安排了其他"有意义"的活动，雅心有点失望，觉得维成不懂得关心她的需要。维成本来就没有信心给雅心幸福，被逼急了，脱口而出："大小姐，你也太自私自利了！"雅心深受伤害，眼泪扑簌簌流下来。这是她最介意的批评，竟然从自己最心爱的人口中说出。

隔天她递了一张纸条给维成："你真的爱我吗？还是爱你的想法？"

一句伤害的话让美好的感情画上了句号，他们的对话没有对彼此生命的接纳，不能以恩慈相待。

批评论断是爱情的刽子手，因为它伤害一个人的人格，可以将多年情感连根拔起，一丝不留。

一位女士因为先生外遇伤透了心，她形容先生是自私的恶魔、没有良心，这样的说法对他们的关系是没有一点帮助的，只会带来更大的伤害。

从一个固定的角度看事情容易产生论断，也容易产生扭曲。除了上天，谁又能知道全部真相？

若彼此希望有亲密关系，首先要去除成见与偏见，单纯由人性的角度去了解，给对方的话语里有怜悯有恩慈，才能带来改变。

有效沟通的钥匙

有人认为夫妻之间难以沟通是因为缺乏有效沟通的钥匙。进入婚姻就好像进入有许多房间的屋子，他们希望使用、享受这些房间，但是往往找不到正确的钥匙，打不开房门就进入不了对方的内心，这让许多夫妇非常沮丧。

有没有一把万能钥匙是由夫妻共同打造，能将家里所有的房门都打开呢？我认为有效沟通的万能钥匙，是接纳与宽恕。

我认识一位优雅仁慈的美国老太太琼斯，记得第一次和她见面时，就和她谈得很愉快，这些年来和她简直情同姐妹。有朋友问我："你和她没有语言障碍吗？我们通常没有办法和外国人深谈。"我说完全没有障碍，因为好的态度是沟通的桥梁。这一位美国老太太充满接纳的友谊，让我们之间的对话畅通无阻。她对我所说的话常是肯定赞叹，而且赞叹的语调拉得很长，让我觉得她是真心的肯定。有时候她会兴奋地指着窗外的远山，或是门前的一棵大树，赞美天地的创造……她接纳的态度充满在生活的每一个细节中，任何接近她的人，即使语言完全不通，也会喜欢她。

请求宽恕也是一把万能钥匙。我们每个人是如此不同，难免在话语间不小心伤到对方，请求宽恕是表示对对方的尊重，同时也显示自己有高度的自觉。如果我们有自觉力，几乎可以说每一天都有请求宽恕的可能。

有一堂辅导关怀的课程让我印象深刻，课堂内容是倾听与同理心，不要陷入遽下结论的陷阱。当时我们在课堂上做一些练习，我回答了一个问题，老师一下子笑了出来，说我掉入陷阱了。老师说完觉得不对，立刻当着全班五六十人的面认真说道："啊！请你原谅我，我不应该笑的，请你原谅我！"弄得我反而不好意思，这实在是一件小事，包括我在内都没有人注意，老师实在不必如此客气。那一天下课我开车回家，想到老师的气度、风范与诚恳，忽然眼泪流个不停……被尊敬、受到平等对待是每一个人内心深处的渴望。

有人以为请求宽恕会降低自己的尊严，恰恰相反，请求宽恕马上能让对方感受到自己尊贵无比，而且也能提升对方的生命价值。如果希望打开对方的心门，完全接纳与请求宽恕是非常珍贵的两把钥匙，这两把钥匙会带领我们进入沟通之门，建立真挚的情谊。

美满婚姻的对话准则

以下这些原则在夫妻关系辅导课程中常常被提及，许多接受辅导的夫妻认真遵守这些原则后，婚姻获得了实质性的改善：

（1）双方绝对不要同时生气。

（2）绝不向对方吼叫，除非房子着火了。

（3）如果一定要有人赢得争执，那么让对方赢。

（4）如果一定要批评，请态度温柔。

（5）永远不提过去的错误。

（6）宁可忽略全世界，也不要忽略对方。

（7）只要争执未化解，就不上床睡觉。

（8）每天对配偶说满足与感谢的话。

（9）当你说错或做错一件事，向对方诚恳道歉并请求原谅。

（10）永远要记得，吵架一定是两个人引起的。

我认识一对在美国高等教育界服务的博士夫妻，他们的生活充满乐趣。他们的对话并不都温柔体贴，但却绝对有幽默与智慧。他们可能互开玩笑甚至调皮地互相斗法，可是旁人感受到的是他们的幽默、活力和相互欣赏。这位先生一直以"我的顶头上司"来称呼自己的夫人，但是太太对先生的教育事业全力支持，甚至愿意牺牲自己的事业。有一次太太找不到西红柿，原来先生没有照她的指示把西红柿放进冰箱，太太没好气地说："好差劲哦！"大家不免捏一把汗，只见先生不慌不忙地点头："是，是，好差劲，好差劲！"先生会生气吗？一点也不。他们绝不会同时发脾气，对方发坏球就不回球，反而轻松地带过，伺机成熟再来反扑，"报仇"可能在三五年之后，那时候智慧和情绪都更成熟，还有机会过高招。

每一次听他们的对话，旁人都会笑得前俯后仰，嘴巴都合不拢。

另外一对感情很好的夫妻结婚近四十年却很少吵架，奥妙之处在哪里？原来这位先生经常说："这是我的看法，你可以不同意。"不仅不会强加意见在别人身上，还期待别人有不同的观点，如此成熟的对话态度，自然能维持幸福的婚姻。

话语里的气度

一个人的话语反映了他的内在世界，心里充满信任、肯定与盼望的人，其话语常能带给人安慰的力量。

有人问我："你信任别人，难道不怕受到伤害吗？"我的看法是，如果会受到伤害，伤害的是外在的东西，但是如果抱有不信任的态度，伤害的是我们的心灵。

我的父亲曾因为信任他人而在生意上遭受一些损失，但是这一点也没有影响他的性情，他还是开朗大度，非常想得开。信任并不表示对人与事没有判断力，而是能宽以待人。

请看看下面A、B两组不同的话语：

A．"前面的车子怎么开这么慢？司机一定是个老太婆。"

B．"前面的人车子开得好慢，不用赶路，好悠闲。"

A．"车子里老是放这种音乐，难听死了！"

B．"现在年轻人爱听这样的音乐，时代真是不一样啊！"

A．"你老是贪小便宜，爱买便宜货。"

B．"你有节俭的美德，但是用钱有一点点弹性更快乐。"

A．"这是什么烂地方？一点儿也不好玩！"

B．"这地方可真有意思，最好玩的地方就是让我们磨破鞋子。"

正面的话语显现开阔的心胸，有理智辅佐感情，能从多重角度欣赏人与事，与这样的人相处能开阔你的视野，给你带来暖意，再大的困难总在一句"没关系！不要急！"之后变得不那么难了。

多接触正面的人，进行正面的谈话，避免接触过多政治或社会的负面评论，能逐渐改变自己说话的方式。有的人因为成长过程的心理纠结，无法放心信任人，但是，只要你敞开心扉，放下你的心理重担，就能恢复你本来的性情，重新享受爱。

爱的对话里有信任、有了解、有宽恕、有怜悯、有真诚，是把自己当礼物，以祝福为包装送给对方，滋养彼此的生命，共同成长。

幸福交流道

1. 请回想原生家庭谈话的气氛以及谈话的内容，这给你在亲密关系中的谈话带来什么影响？

2. 你与人相处是否能自由表达而没有恐惧？如果不能，为什么？

3. 你能用接纳与尊重的态度对待有不同看法的人吗？不能的原因在哪里？

4. 你与未来的伴侣有哪些谈话会让你觉得不开心，为什么？

5. 与你未来的伴侣讨论以下有关积极沟通的词语，以及这些词语对你们有什么意义：爱、和平、宽恕、良善、希望、快乐、感激、协调、优美、忠实、幽默、倾听、觉察、自我控制、耐心、兴味、学习、意识、仁慈、接纳、贡献、创造力、自尊、宽容、完成、安全、秩序、目的、承诺、力量、探险、浪漫、可靠性、礼貌、友谊。

幸福DIY

每天由一句赞美开始，每一天请求宽恕一件事。

幸福电影院

§《蝴蝶》（*Le Papillon*，2004，法国）：叙述一位严肃的老爷爷和一位热情的小女孩寻找蝴蝶的故事。影片反映出法国注重个人的主体性，即使是小孩子，也能享有平等的对话，因此有逗趣，有嘲弄，有反驳，却因双方互相关心，逐渐听到彼此生命的需要。

§《情深到来生》（*My Life*，1994，美国）：一位癌症末期的父亲想为尚未出世的儿子留下爱的记录，却因童年不愉快的记忆深锁心门，无法与妻子深入沟通。小生命诞生后，在妻子的鼓励下，他终于重回父母爱的怀抱。

§《最后的礼物》（*Last Present*，2001，韩国）：一对相爱的夫妻长期缺乏真诚的对话，甚至妻子罹患了绝症两人还是没有真情流露，却不断用责怪或隐瞒的方式来关心对方，空度了人生的宝贵时光。

第11章　拓展爱的能力

真爱的历程绝非一帆风顺。

——莎士比亚

幸福寻宝图

※　爱的能力包括了解自己和了解别人的能力，专注聆听和完整表达的能力，察觉潜在感受的能力，宽恕与和解的能力，成为你自己并允许对方在你的身边成为他自己的能力。

※　在一个真心相爱的关系中，你会使对方的整个人的生命更加丰盈。可以说，爱对方就是尽力维护对方生命的意义。

※　扩展爱的广度与深度，从抱怨转为欣赏与感谢。

※　爱是创造性的行动，因为爱能够化解敌意，能带给人希望。

爱是人生命中一种积极主动的力量，爱也是解决很多困扰人类的问题的方法。那么，究竟什么是爱呢？

许多情侣在进入婚姻关系以后，爱的感觉会慢慢消退，这是不可避免的，因为我们常把爱定义为浪漫的激情。试想，一个正常人如何可能一直处在浪漫的激情中呢？如果我们认为爱就是浪漫的激情，那么，我们对爱的认识就是一直停留在青春时期。

现今社会离婚率节节上升，就是因为许多夫妇陷在"已经没有感觉了"这样的迷思中，即使勉强维持夫妻关系，也多数是"食之无味，弃之可惜"，或者有现实生活的考虑，或者各自寻求避风港。我大学时代的一对情侣朋友，当时人人称羡，婚后却因为没有一起共同成长学习，夫妻不能心意相通——太太常常生活在自己的世界里，先生则偶尔找朋友下棋喝酒，排遣心中的苦闷，久而久之，夫妻之间经常吵架，从而导致他们的孩子也出现严重的学习障碍。

我们对爱的体会应该会随着岁月和生命的体验不断深化，即使可能在成长的过程中受到情感的伤害，以致无法实现个体化而不能与人建立亲密关系，也可以在自己的不断学习中获得改善。

问一个两三岁的孩子："爸爸妈妈爱你吗？"他会点点头说："爸爸妈妈有抱我。"问四五岁的小小孩："爸爸妈妈爱你吗？"他会抱着心爱的玩具回答："有啊！看！这是爸爸买给我的。"问青少年同样的问题，他的答案会变成："爸爸妈妈很尊重我。"到了婚后，爱的元素会添加性的亲密，但是内在被了解、被尊重的渴望却是一直存在的。

爱的内容

夫妻亲密关系的发展，不但与两人的个性、长处与限制有关，还牵涉两人的价值观、互动模式，以及在原生家庭中的成长历程。因此爱的内容包括了解、沟通、宽恕、和解、疗伤以及成长。那么，爱的能力应该是了解自己和了解别人的能力，专注聆听的能力，完整表达的能力，察觉潜在感受的能力，宽恕与和解的能力，成为你自己并允许对方在你的身边成为他自己的能力。

爱是每一个人都渴望的，但真正的爱只有在保存个人完整性的前提下才可能发生。因此，一个人要具备爱的能力，首要的条件是，他的个体化已经成熟，也就是说他已脱离依赖，所以不会依附别人。

完整的亲密关系应该是两个独立成熟的个体的联结，可惜我们多多少少都带着伤痕，需要更多的爱和关注。我们无处寻求，就只能要求伴侣，希望伴侣以自己所期待的方式对待自己，"以爱为名"的种种不合理要求也就由此而产生了。

霍华·韩克（Howard Hendricks）博士曾经指出："在一个真心相爱的关系中，你会使对方整个人的生命更加丰盈。"可以说，爱就是尽力维护对方生命的意义。唯一的方法是先成为自己，好好爱自己，然后才可能尊重别人，让别人也成为他自己。

了解的能力

诚如爱默生所说："被他人了解是人生极大的满足。"夫妻关系也只有透过真正的了解才会有真正的合一，因为我是以"原本的"他（她）来爱他（她），而不是按我的需要来要求他（她）。

深层的了解是一种主动的关怀：当对方沉默时，会去观察他的肢体语言；对方愤怒时，知道他其实是在焦虑，在不安，在孤独，在困窘，在爱中你所看到的是一个受苦的人，而不是一个愤怒的人。

爱与了解密不可分，我们因为爱所以愿意了解，也因为了解所以爱得深刻。我们越了解对方的受苦，就越了解自己受苦的原因；我们越了解对方的局限，就越知道自己的不能，我们用爱温暖别人时，也在促进自己的成长。

真正的了解带来真正的尊重。一个有爱心的母亲，不会责备跟同伴抢玩具的三岁孩子说："你好自私！"因为她知道孩子正是处在发展自我的阶段；一位妻子不会讥讽先生能力不够，而是会了解他的个性和局限尽力去帮助他。

学习了解接受别人的原貌，就要充分培养自己接纳与忠诚的能力。不少情侣结婚之后发现自己嫁错人、娶错人，原来充满自信的丈夫现在看来是骄傲自大，原来可爱直爽的妻子现在看来不懂温柔。婚姻的挑战就在这里，我们是要爱所选择的对象，而不是爱心目中的新郎或新娘。忠于伴侣的原貌较能带来婚姻的满足。

一位朋友在婚姻生活中，就能充分展现出她接纳与忠诚的能力。记得有一次与朋友聚会时，这位太太提到她对管教孩子的看法，她的先生毫不留情地当众说她意见太多、啰里啰唆。朋友们都为他们捏一把汗，谁知太太毫不以为意，笑嘻嘻地说："看我先生就是这样，他最爱管我了！"话语中没有一点不满，反而满是了解和打情骂俏，要知道他们可不是新婚宴尔，而是结婚近四十年的老夫老妻。

了解也是自我成长的过程，我们在了解的过程中不断放下旧有的偏见与成见，我们也许并不知道自己在内心筑着层层的围墙，妨碍我们与他人倾身靠近。这些围墙由偏见、成见、过往的伤痕、内在信念等层层叠加缠绕而成。我们深刻体认建立关系的过程就是完全开放自己的过程，逐渐经由深刻了解别人而建立亲密关系。

宽恕的能力

戴维·奥斯博格在《爱的饶恕》（ *Caring Enough to Forgive, Caring Enough to Not Forgive* ）里写道："既然我们的动机总不完美，我们尽力做的事总会出错，而且很难逃脱人性的限度及犯错的可能性，唯愿宽恕之道拯救我们。"

世界上没有任何一对夫妻能够完全避免婚姻关系中的冲突，因为我们每一个人都会冒犯他人，也没有任何一对夫妻不是在冲突之后努力寻求关系的重建。这个时候宽恕的能力就非常重要，无论是"请求原谅"或"宽恕对方"都能带来和解的契机。

无论是在夫妻关系里或是手足之间，越是亲近越可能出现冲突。我曾目睹一位女士因为与她的姐姐之间发生误会，竟然可以十多年不来往。每一次她提到姐姐就咬牙切齿，这种憎恨之情表面看来只是伤到姊妹情谊，其实也深深伤害了这位女士自己。

想想看，我们喜欢自己的每一张照片吗？不！我们会挑漂亮好看的照片，不好看的照片最好都丢掉。同样，我们也不容易喜欢别人身上的每一个特点，然而当冲突发生时，把责任推给别人总是更加容易。

憎恨会蒙蔽双眼，使我们看人与事看不真切。有一位女士因先生有外遇，把先生说得一文不值，所有的优点都变成缺点，经常在孩子面前数落先生。她的女儿原是同情她的，最后也忍不住搬离了家，不愿意再听永无止境一面倒的控诉。

不愿意宽恕的原因之一，来自错误的教导，来自业已建立的错误观念。我们以为自己发的是正义之怒，坚持从偏颇的角度看事情，结果却会让我们远离真相，看不到自己的责任，也失去了可以从中学习的机会。

最难宽恕的过错常常与原生家庭的创伤有关。一位父亲告诉我，他一直无法原谅自己，因为他对孩子的管教非常严厉，以至于亲子关系出现很大的裂痕，虽然后来他极力弥补，但是心里却无法释怀。这位父亲的原生家庭也有一位非常严厉的父亲，他自小饱受指责，只要犯一点过错就会讨一顿打。他不苟言笑，对别人和自己都很严苛，原生家庭的经历使得这一位父亲不会宽恕别人，也不会宽恕自己。

爱是完全的信任

真爱是完全的信任。信任彼此都有存在的意义；信任彼此可以携手经历生命中令人应接不暇的突发事件；信任即使困难横在眼前，终有拨云见日的一天；信任困难正是承载心灵的船，载着丰实的心灵驶向宇宙永恒之流。

信任是对对方的本相有完全的信心。父母如果对孩子有完全的信心，孩子即使跌倒走错了路，也会有幡然悔悟的一天；夫妻如果对真爱有信心，一定能跨越沟通的障碍，深入了解并共同度过彼此的人生；心理辅导人员如果能提供信任之海，必能使个案的伤痛流入海中，让生命的船舶安然航行。

我曾经辅导过一位女士，她从因先生有外遇而难过伤心，到陪伴先生度过彷徨难挨的岁月，与先生发展出一种安全倾诉的新关系。这种亲密的心灵关系终于让先生回心转意，而成功的原因就是：不信真情唤不回。

爱能同甘共苦，互担重担

婚姻生活有甜蜜也有负担，儿女生病、配偶失业、财务压力、车祸伤残，甚至误触法令等，许多困境不是婚前能想象得到的。用一颗温柔的心互相陪伴，婚姻便会走出暗礁，迎来光明。

我的一位好友的孩子，不幸得了唐氏综合征。这一位朋友和先生擦干眼泪，从困境中站起来，迎接生命的挑战。先生充分给予经济与财务的支持，夫人则是陪着儿子学习游泳锻炼身体，自己从早鸭子变成游泳教练，成为救生员。儿子在妈妈的鼓励下，频频在残疾人奥林匹克运动会中夺魁，拿了金牌无数，最近还更改比赛项目，参加雅典的独木舟比赛，又勇夺两面金牌。这个得了唐氏综合征的孩子就是台湾鼎鼎有名的范晋嘉，近年受邀到各地大中小学演讲近三百场，激励了无数的年轻人。

我的另一位朋友也是生了残障孩子，她说有一次她教导孩子到身心疲乏时，知道自己不能对孩子发脾气，只好自己一个人跑到后院，一边拔野草一边骂自己，眼泪一滴一滴掉落在草地上。忽然一双厚实温暖的手紧紧握住她，先生哽咽地说："不要难过，我们永远都在一起互相安慰。"先生坚定承诺互相依靠的力量，让她不再感觉孤单，而孩子也在他们夫妻二人爱的家庭团队中平安长大。

欣赏感谢的能力

宽恕是止血剂，让伤口不再继续流血；宽恕也是礼物，让我们看到自己身上会对人与事不满的真正原因，当我们的目光从别人身上转移到自己身上，心灵的亮光就会射进生命，带来新的希望。

家庭中一丝怒气会造成刺激，引起对方不愉快的反应，而这个不愉快的反应就会成为新刺激，造成另一方更生气的反应，这个生气的反应又再形成新的刺激，再去刺激对方，让对方更加愤怒。如此周而复始恶性循环，家庭的争吵几乎离不开这样的模式，贵为万物之灵的人类似乎也逃不开"刺激／反应"的定律，这就是我们爱的有限性。

希望提高爱的广度与深度，从抱怨转为欣赏与感谢，我们应该改变反应的模式，将"刺激／反应"的旧心理程序，改为"感恩／响应"的新程序，这是家庭矛盾发生时迅速停止伤害、与对方共舞的最好方法。

我的一位学生与他的太太感情非常好，我问他夫妻之间如何保有长久的幸福感？他回答说："老师啊，我有何德何能能够拥有这么好的太太？感谢都来不及了，怎么可能生太太的气呢？""感恩"的信念使他过滤掉负面的情绪，让他和太太相守相爱，看一切事情都是美善。

深度的同理，使我们了解对方所犯的错我们也可能同样会犯，因为我与你一样软弱，即使不会错在这样的事件上，也会错在别样的事情上。也许外遇的错不会比口舌的伤害来得严重，只是我们习惯于轻看自己的错误而加重别人的罪。

接纳事实使我们停止恶斗，去体认事件背后的深意，并且对别人的恩惠做适当的回应。在完全的爱里，我们将不再防卫、不再惧怕。

爱是维护对方生命的意义

看过韩剧《大长今》的人都会被这一部改编自16世纪朝鲜李氏王朝中宗时代真实人物的故事所感动。孤女长今遵从母亲遗愿进入宫廷，从一个御膳厨房的小宫女到成为皇帝的主治医官。她的奋斗过程，赚人热泪，但剧中男主角闵政浩对长今所表现的至情挚爱，同样让人荡气回肠。

闵政浩与长今都是勇敢的人，越是向真理靠近，彼此越相爱，越没有惧怕。

他们的爱不求自己的益处，没有患得患失，没有担忧恐惧，只是勇敢地做应该做的事。

在右禁卫、在御医署，闵政浩从不为自己的利益打算，甚至在皇上面前，他能言人所不敢言，劝谏皇上用人唯才，不分男女。明知遭朝臣反对极有可能惹来杀身之祸，但可昭日月的忠诚之心让闵政浩无所畏惧。

从长今成长的故事里，闵政浩已经了解他爱的是什么样的人。长今从小就喜欢像男生一样读书写字，会问妈妈说："为什么男生可以抓兔子，我就不可以？"长今学习任何事情必会全神贯注、心无杂念，直到深得精髓。习厨习医不在"技艺"，而是深入其"道"，这样的人百中难得一二，闵政浩深深了解，长今的成就将是无止境的。

闵政浩对长今的爱中已经没有自己的存在，尤其在知道皇帝也爱上长今的时候，他对皇上讲的一番话感人肺腑。他说，他之所以放弃和长今远走高飞，是因为真心爱慕长今，她的坚韧意志和吃苦受难的精神让他倾心、尊重与爱慕。他请求皇上："让长今走她自己的路吧，命她成为皇上的主治医官吧，让她的名字留在朝鲜的历史上！"至于他与皇上爱同一个女人，他愿意接受皇上赐罪（请参考拙作《看长今，思真爱》，刊载于《真爱杂志》27期，2006年2月）。

爱是努力了解对方，接纳对方的全部，当对方成功时，同喜同贺，若对方失败跌倒了，也与之同忧同悲。

一个真正成熟的人能以"无条件的爱"去爱对方，而且不需要依赖彼此的关系来填满自己心灵的空虚，这样的爱，没有任何要求，也不会因为对方达不到自己的期待就丧失爱对方的能力。

爱是一项行动，但不是"因为你爱我，所以我爱你"的自然机能。爱之所以高贵是因为你能爱有敌意的人，这是生命的萌发与创造性的行动，挣脱了"伤害／报复"的自然反应的枷锁，因而能带给人希望。

幸福交流道

1. 爱的能力包括哪些内容？你认为自己可以如何增进爱的能力？

   _____

2. 了解的能力为什么在爱的能力里非常重要？请分享生活中的例子。

   _____

3. 憎恨的原因是什么？我们可以如何消除这些原因？

   _____

4. 为何努力维护对方生命的意义，在爱的能力中非常重要？这在亲子和夫妻关系上有什么影响？

   _____

幸福DIY

学习从发生的每一件事情上，看到其中的积极意义。

幸福电影院

§《一路上有你》（*Simon Birch*，1998，美国）：叙述一位侏儒小孩赛门与朋友乔之间的友谊。赛门对朋友的忠贞与个人的信仰逐渐影响乔，甚至改变了他的一生。赛门在危急之际保持沉着与镇定救了许多小朋友的生命，感人至深。

§《消防员》（*Fireproof*，2008，美国）：描写一对缺乏沟通的夫妻，在濒临离婚之际，消防员先生却因为改变而提升爱的能力，最后以持续不断的努力和真诚的心赢回妻子的尊敬和爱。

§《充气娃娃之恋》（*Lars and the Real Girl*，2007，美国）：叙述一位无法摆脱童年阴影的男孩，到了交女朋友的时候，却带回一个充气娃娃，与充气娃娃谈情说爱，最后在全镇人的爱心帮助之下，回归正常的心态，也因而结束了"恋情"。这是一部充满爱与高度同理心的作品，值得一看。

§《27套礼服》（*27 Dresses*，2008，美国）：叙述一位在报社工作的男士，因为采访婚礼爱上了一位专业伴娘，然而伴娘却沉湎在另一段想象的恋情中。男主角不屈不挠，在追求的过程中不断呈现出自己真诚的关怀，终于赢得美人芳心。

§《非诚勿扰》（*If You Are the One*，2009，中国）：叙述一位中年人因为征婚而爱上一位心有所属的少女的故事。男主角是一个真实的人，和社会上的虚浮主义、拜金主义格格不入，也因为他绝不占人便宜，反而能赢得少女的芳心。全片幽默中带着淡淡的哀伤，叙述手法特别。

第 *12* 章　俪人难行

——真爱要等待

贞操是从丰富的爱情中产生的财富。

——泰戈尔，印度诗人

幸福寻宝图

※ 过早的性爱会阻碍婚前的深度沟通，男女双方应该先
发展友情，互相了解。

※ 要学习正确地看待爱与性。

※ 尊重对方的身体是男女双方应负的责任。

※ 承诺是确保两性关系的重要元素，爱情的花朵必须植
根于信任与安全的泥土中。

※ 夫妻之间的交往会经历相识、相知到相许的过程，
"性"不能成为沟通的替代品。

这是最让我难过的一个案例。第一次见到这一对情侣时，女孩已经怀有身孕，两人都受过高等教育，在同居期间，他们互相喜欢又互相折磨，双双都因此而得了忧郁症。

　　男孩是执业医师，女孩刚拿到硕士学位，他们真是郎才女貌。男孩的脸上流露出敏锐成熟的智慧，女孩一双美丽的眼睛明彻晶莹，仿佛一潭深水吸引着你。他们一相遇就狂热地爱上彼此。

　　刚认识的第二个星期，女孩到男孩的寓所，各自都有过性经验的两个相爱的人，很快就投入彼此的怀抱，他们的生命好像就等着这一刻的火花，要让自己尽情燃烧。

　　很快地，女孩搬到男孩的寓所，并且决定结婚。他们都认定这是等待已久的真爱，他们真心喜欢彼此。男孩前一次情感已经结束五年，五年来他不轻易陷入情感世界；女孩的第一次恋情也是多年前的事，他们认为双方都已长大成熟，不会再经历情感的挫折。

　　如果没有住在一起，你侬我侬的情意或许会延长一些。

　　住在一起的两个人开始有了摩擦：今天累坏了不想煮饭可以吗？男孩却不想到外面吃，他希望闻到厨房的饭菜香，尤其在坐诊了一天累了之后。一个星期的衣服该谁来洗？为什么都是我洗呢？那么谁又该洗碗？……

　　家庭预算成为争执的导火线，女孩觉得自己已经够节省了，男孩却觉得她奢侈浪费。男孩因此常常搬出大道理训人，女孩双眼的深潭不见了，满是盈盈泪光。

每一次吵架都在床上和好，在身体里得到安慰，但第二次又会吵得更凶。当他们决定分开时，女孩却发现自己怀孕了。

我听他们的谈话完全没有默契，男孩的沉默带着逼人的寒意，他却对我说："我不知道，她为什么那么恨我？"

不到两年的光景就可以由爱生恨，婚礼的计划不再被提起。

过早的性爱会阻碍婚前的深度沟通

我劝这位男孩先不要同居时，他的眼神仿佛在问我是活在哪一个时代。当我问他彼此都互相了解吗，他很肯定地回答我是的。他是聪明的孩子，很快就明了彼此原生家庭的差异与价值观的不同。那么是什么在吸引彼此呢？两人有没有学习解决冲突的方法？两人是否一直跳着同样的舞步？

男孩同意了，他们确实太早进入"准婚姻"关系，事实上他们根本还没有准备好，他们对彼此的身体非常熟悉，对彼此的心灵却非常陌生。他们不时批判对方的想法，毫不留情地指责对方的原生家庭，一场毁灭性的灾难就发生了。

如果他们先有谈不完的话，都能专心倾听对方的心声，从爱这个生命开始，进入心灵的联合，就不是今天的结局。

不同于霍桑（Nathaniel Hawthorne）小说《红字》（*The Scarlet Letter*）中所描写的那个时代，"性"在今天早已揭开神秘的面纱，但让人触目惊心的是今日的矫枉过正、婚前性行为的泛滥、好莱坞式的第一次见面就上床，正在腐蚀年轻真诚的心。泰戈尔说：

"贞操是从丰富的爱情中产生的财富。"细细思索，自有他的道理。

情侣只要有了性亲密，即使只是爱抚，也很容易让每一次的约会"以身体亲密为导向"，而不是"以灵魂亲密为导向"。恋爱是非常难得的黄金时光，从沟通开始好好地认识一个人，每一次谈话都要细细进入对方的生命故事，了解对方家庭的父母关系、原生家庭的价值观、如何解决冲突等。最重要的，对方的生命核心是什么？对方是如何诠释生命的意义的？

电影反映人生，常常一起看电影，分享电影里面的剧情和角色，一起探讨人生……情侣在一起其实有许多的事情可以做。

夫妻关系要能持久，一定要有友情的成分，友情使你可以畅谈你的观念和理想，友情使你可以分享你的快乐和悲伤，友情的奠基要在婚前恋爱的时候，没有友谊的爱情是十分危险的。

正确看待爱与性

曾经看过台湾一份研究"60后"（即20世纪60年代出生）和"80后"（即20世纪80年代出生）对婚前性行为看法的报告。"80后"比"60后"赞成婚前性行为的人，从24%增加到76%，可是介意另一半有婚前性行为的"60后"有84%，而"80后"仍高达56%。这一份研究报告显示，即使越来越多的年轻人赞成婚前性行为，但要求另一半不要有婚前性行为的人，却还是过半数。这种双重标准的报告，让我们更确定年轻人对婚前性行为仍然认识不深。

由于生理的不同，男性性行为并没有婚姻承诺的意涵，常常要求相爱就应该有性的满足；女性的爱却是非常细腻的心理过程，涵盖被了解、被照顾、能够同心，以及被长期呵护承诺的心理需求。

时代在改变，由从前性的束缚发展到现在性观念的开放，觉得性可以自由做主。但是据统计，美国每年大约有100万青少年女性未婚怀孕，其中40%寻求流产的途径，而另外60%则选择生产。有婚前性行为必然就要承担怀孕的后果，如果在双方的心理尚未成熟的情况下怀孕，结果令人不敢想象。而且研究显示，情侣在婚前性行为中由于担心怀孕以及感情能否稳定长久等，反而比婚姻中的夫妻不容易享受性的快乐。

"性"不仅有肉体的层面，也有其精神的层面，而其精神层面终究会与人格相遇。在正常的性生活中，精神上的满足甚至比肉体上的满足来得重要。性的幸福感并不是取决于性技巧，而是彼此在性互动的过程中是否流露出对对方的尊重，是否珍惜爱护对方的身体与感情，是否彼此有内心深处的联结，最重要的，是否信守两人长久关系的承诺。我们看到许多感人的婚姻故事也同样发生在残障者身上，有的夫妻无法享受性生活，可是仍然洋溢着幸福感。

为什么婚前同居的人越来越多呢？大抵有以下三个因素。

1. 对婚姻缺乏信心

高离婚率使得现代年轻人越来越害怕进入婚姻殿堂，父母相处不愉快使得年轻男女对婚姻望而生畏。正确的做法是重新厘清婚姻的价值，深入探讨父母婚姻失败的原因，并且观察学习婚姻成功的案例，只要用心学习爱与沟通，婚姻的幸福还是指日可待的。

2. 怕负责任，怕给承诺

我常常收到年轻女性求救的信函，她们爱上有妇之夫，有了身体的亲密关系却无法共筑爱巢，一次次性关系只带来惆怅伤心。也有些人不愿意在两性关系上负责任，"不在乎天长地久，只在乎曾经拥有"。扭曲的爱情观强调的只是浪漫激情，事实上，承诺是确保两性关系健康发展的重要元素，爱情的花朵必须植根在信任与安全的泥土中。

3. 追求自由，认为婚姻是羁绊

有些年轻人以为同居生活比婚姻生活自由，这是一种误解。两人关系里的自由来自于爱情共同维护的承诺，以及对彼此的尊重，去除自我意识或潜意识的强控心理，给予对方心理与身体的空间。同居生活若过于强调彼此的自由，有时反而不容易培养真正的亲密关系。

"试婚"不可行

现代不少青年男女存有一种观念，认为若没有经过"试婚"，如何能知道将来彼此性生活是否和谐？在我所辅导的未婚男女当中，确实存在这样的困扰。有些未婚男士就曾经表示，如果婚后太太不愿意在性生活上配合的话怎么办？甚至忧心忡忡地说，很多朋友婚后对性生活不满意，不试婚如何知道彼此合不合适？也有未婚女性提出，如果嫁给一个性虐待者怎么办？因此，他们认为试婚还是有必要的。

当这个问题被提出时，我们常与求助者一同厘清以下事实：

（1）婚姻中性生活不和谐往往和工作压力、沟通不良、生活忙碌、儿女教育以及外来因素有关，并不单单出于"性行为"本身。许多夫妇都是在婚后多年才出现性生活不协调的情况，可见想要增进性生活的质量，得由双方在生活的多方面进行探讨调适。

（2）婚前的客观状态与婚后的客观状态完全不同，性生活和谐与否，无法由试婚得知，即使同居期间性生活美满，婚后工作的变化，加上生育子女，都会使整个情况发生改变。

（3）婚姻有较正式而严肃的承诺，即使因为冲突导致性关系不和谐，夫妻双方通常会寻求解决问题的方法。可是未婚男女在同居期间，反而容易因为感情趋于平淡而影响性生活。

（4）婚姻无法试，进入婚姻其实就是进入平淡的家庭生活，如何在平淡的生活中经营深邃的感情，有赖夫妻同心学习。婚姻生活的幸福感是整体的，不单单指性生活而已。

（5）性暴力与心理问题有关，从交往当中就可以得知，不必以上床的方式来探察。

珍惜自己，尊重对方

"性"是上天给夫妇的礼物，给愿意给予对方承诺、愿意在婚姻中学习"舍己"与"彼此相爱"的夫妇的礼物，受重重爱的保护，是蒙祝福的礼物。

婚姻生活的爱情，是夫妻两人通过生活的共有共治共享，经历种种磨合焠炼而产生；夫妻性生活伴随着婚姻里的情感，如同海潮时起时落，这是一个身心灵长久的学习与统合的过程，有赖双方谦卑学习。

在婚姻协谈的过程中，有不少妻子表示，虽然曾经有美满的性生活，但因为先生的大男人主义、不尊重太太等因素，夫妻在婚姻中经常发生冲突，导致后来即使先生"性"致勃勃，太太也毫无意愿。

许多人以为性关系就代表两人的亲密，其实越来越多的人了解到性关系并不能解决安全感和亲密感的问题。性亲密是两人亲密关系的外在表征，两人的亲密关系是指我们能够在另一个人面前自由地袒露自己而不被纠正，而先决条件是自我不被扭曲，唯有与自己的关系亲密，才能与别人的关系亲密。

希望性生活美满，就要学习尊重，同时尊重自己与对方的感情与生活经验，学习真诚地聆听与沟通，没有委屈，没有哀求，没有恐惧，彼此在平等关系中亲密合一。

为约会立界线

一提到约会，不免想到刻意的装扮、兴奋的心情、幽暗的灯光、卿卿我我……就像电视电影中的俊男美女，在浪漫的星光下，那一刻就是永恒。

如果说约会的最终目的是要选择终身伴侣，是一件严肃的事，立刻有人觉得倒尽胃口，再也提不起任何兴趣。

只是，如果将约会单单定义在浪漫的气氛上，那么无论约几次会，可能都找不到真正适合自己的伴侣，因为肌肤的亲密早已让人失去了明智的判断力，"性"成为沟通的替代品，反而失去了心灵的沟通。

成熟男女应该将约会看成一件慎重的事，将约会看成寻找生命中能长久相处的伴侣的必经之路。两人的交往是相识、相知到相许的过程。

所以约会中的男女，要想尽办法了解对方的人格特质与价值观，避免陷入身体的亲密，因为一旦一时冲动而发生婚前性行为，会立刻改变双方的关系。

我辅导过的年轻男女，不乏有婚前性行为却因个性不合无法继续发展爱情者，此时女方或男方都容易陷在"知道必须分开却难以分开"的窘境。"性"在不好的两人关系中变成了"饮鸩止渴"，这是非常危险的，尤其是万一有了孩子，就更增加了分离的难度。

男女要避免婚前性行为，首先要洁身自好，慎选约会的地点，多搜集有关增进彼此了解的约会方式，绝不接受"爱我就给我"的条件交换，做自己身体的主人，也尊重对方的身体。

高贵的爱情没有一丝丝勉强，也不是被自己的私欲掌控，它是耐心等候，等待对方发现你，欣赏你，与你谈话，进入你的生命。

幸福交流道

1. 为什么在婚前性行为中反而不能享受"性"的真正满足?

   _____

2. 希望有婚前性行为的原因有哪些?可能带来哪些后果?

   _____

3. 男女约会时,应该如何避免性试探?

   _____

4. 根据研究,有婚前性行为者反而容易经历婚姻的失败,为什么?

   _____

5. 想想看,男女约会时可以做些什么事以增进双方心灵的了解?

   _____

幸福DIY

　　和你的另一半立约，愿意遵行"真爱要等待"原则，为对方保持童贞至结婚那一天。

幸福电影院

　　§《巴尔扎克与小裁缝》（2002，中国）：这是以中国20世纪70年代为背景的男女爱情故事，对女性婚前性行为的心理压力有细腻的描绘。

　　§《结婚证书》（*License to Wed*，2007，美国）：一对准备在教堂结婚的男女，参加牧师为他们准备的婚前辅导课程，有沟通，有了解，是适合婚前情侣共同观看的爱情喜剧片。

第 *13* 章 情感与灵性的旅程
——信仰价值观与婚姻

在两棵树上筑巢的小鸟得不到快乐。

——捷克谚语

婚姻的幸福是人生最大的幸福。

——歌德（J. W. Goethe），德国作家

只要有一双忠实的眼睛与我一同哭泣，就值得我为生命受苦。

——罗曼·罗兰（Romain Rolland），法国作家、音乐评论家

幸福寻宝图

※ 爱是一种决心，是一种意志，就像我们决定这一生努力的方向。婚姻是我决定一生爱你，在爱的路上不断地对你献出我自己。

※ 婚姻关系是情感及灵性的旅程，它提供心灵的操练，让人学习不自私。

※ 正确的价值观，对婚姻关系的维护非常重要。

※ 爱是一种人格，而不是一时的活动，所以它是长久的、全面的、有建设性的，可以说真爱就是一个人的信仰与生命的全部。

※ 婚姻涉及生命的终极关怀，有爱就有天堂。

进入21世纪的人类，各项发明与创造进步神速，计算机科技、医学研究、经济发展等都有长足的进步，但我们却看到对于婚姻这一项精密的心灵作业，却没有良好的研究成果。根据报道，全球的离婚率呈现上升的趋势，美国自从"无过失离婚"法令在1970年生效以来，美国人的离婚率已经飙升了近三倍，这真是一场可怕的灾难，不需要任何理由，任何人都可以离婚。在欧洲的西班牙、葡萄牙、意大利等国，近二十五年来离婚率也上升了60%至90%；巴西通过不久的宪法修定案，也为离婚提供了一个有利的条件，使得本国2010年的离婚率比2009年增加了一倍多。亚洲经济起飞后离婚率也直追欧美，2003年中国颁布了新修订的《婚姻登记条例》，简化了离婚手续，中国的离婚率也大大上升，印度近十年的离婚率居然也翻升了一倍。

　　由于轻率离婚所带来的单亲家庭问题、儿童教养问题、社会问题非常严重，人口统计学家葛力克（Paul Glick）博士预估，美国不久将有三分之一的孩童与继父或继母同住。当前，因离婚经济受到冲击、教养孩子困难的家庭比比皆是，而成千上万破碎的小小心灵，将来如何担负起家庭和社会的责任，让人十分担心。

　　十多年前，我的一位朋友有了外遇对象，他想结束婚姻。当时我曾问他："你不为你的孩子想一想吗？"我记得他的回答是："孩子现在虽然小，但是将来会懂得的。在美国，许多孩子的父母都曾离过婚，并没有什么特别。"

孩子会懂得什么？懂得婚姻只是大人的事？懂得父母没有能力处理他们的问题？懂得小孩子只能被迫同意父母离婚？我不知道，但是我这位朋友的女儿长大了，正在婚姻路上徘徊，虽然有要好的男友，却迟迟没有进入婚姻。

根据研究数据，经历父母离异的孩童，有90%会面临震惊、恐惧和深沉的悲伤等情绪，有50%的孩子感觉被排斥、被遗弃。那么，这些感觉是否会随着时间而淡化呢？研究结果显示，离婚三年后有66%的孩子更加强烈地思念他们的父母，而且害怕会被继父母遗弃。时间并不能自动治愈这些孩子内心的创伤，准备进入婚姻家庭的年轻男女一定要认清婚姻的意义，进入婚姻之后绝对不轻言离异。

亲密关系泡沫化的危机

如同经济泡沫化一般，全世界也出现了越来越多"亲密关系泡沫化"的现象。仔细分析亲密关系难以维系的原因，除了以上提及的社会经济因素，另有一个不可忽略的因素是错误的婚姻观念。

当大众文化奠基在购买欲上，奠基在交易互惠上，男女选择对象时也会像在街上购物，看的是漂亮的包装、时髦的款式。从当今媒体的报道就可见一斑：一条某企业集团的年青继承人结婚的新闻成为当时媒体报道的焦点，报道大篇幅渲染了奢华的细节。比如这位继承人有"几亿的身价"，新娘戴了多大的钻戒，婚礼上有多昂贵的名车，新人将入住什么样的豪宅……在这种市场导向的爱情交易模式下，受众择偶的眼光也随之变得功利与世俗化，外在的条件已凌驾于内在的能力之上，过去被人们津津乐道的吃苦耐劳、奋发上进已不知不觉被房、车取代了。

导致亲密关系泡沫化的另一个错误观念，是爱并不需要学习，世界上只有那些可以使我们赚取金钱与声望的东西才需要学习。我们看到各种各样的讨论会、补习班，大都指向领导才能、学业成就，而爱只不过是"坠入情网"的玩意儿，甚至有人将爱与激情画上等号，而有"只要我喜欢，有什么不可以"的想法，从而产生第三者、婚外情、性行为泛滥等情况，对传统的婚恋观产生强烈冲击。

婚姻是持续一生的学习

既然决定携手走入婚姻殿堂，那么就要准备努力一生去学习，就像读书与就业一样尽心尽力。年轻男女在决定携手走向未来之前，应该谨慎核对彼此对婚姻的看法和期待，阅读经营婚姻相关的书籍，接受婚前辅导。近年来婚前教育的观念开始萌芽，未来若能纳入高等教育，相信能提供更大的帮助。

弗洛姆（E. Fromm）认为爱是一门艺术，任何艺术的学习都需要高度的专注，爱的学习也一样。决定进入婚姻，意思就是从今以后，在爱的旅途上我愿意一心一意、心无旁骛地与另一半共寻爱的真义，除了对方之外，我不会再考虑其他的人。

爱是一种决心，是一种意志，就像我们决定这一生努力的方向，婚姻是我决定一生爱你，在爱的路上不断向你献出我自己。有这样的决心和意志，婚姻就成功了一半，遇到困难时自会努力寻求方法来帮助自己渡过婚姻难关，或是阅读相关书籍，或是寻求专业协助，就像读书时不懂就找老师问一样。我们求学不会轻易中断或放弃学业，工作遇到挫折也会想办法突破，唯独在婚姻里遇到困难时轻易提出分开的倒是很多。

婚姻是爱的承诺

婚姻是一种委身，缺乏以身相许的婚姻，空有好看的外表是没有用的。有些夫妻用心经营家庭财产的累积，可是一遇到冲击婚姻就立刻崩解，譬如生了重病、车祸残疾、财务危机、姻亲相处等问题出现时，不是更加相爱共渡难关，而是逃避责任。我所认识的许多有残障孩子家庭就有这样的困境，生下了残障的孩子，夫妻不能在爱里同心协力，反而以离婚收场。

婚姻是一种盟约的关系，盟约的关系包括个人内在的可信度，它超越对利害关系的考虑，无条件地献上自己。盟约提供安全的、可信任的关系，让相爱的两个人可以放心地相处。你可以在安全的环境里开怀大笑或生气伤心，你可以生对方的气，然后在对方的了解与包容里找到你自己。

我的先生常常自豪地问孩子："爸爸给你们最大的财富是什么？"他非常有信心，孩子的回答一定是："爱家庭！"从结婚的第一天到我们婚姻三十年始终不变，我先生的人生优先级第一就是爱家庭，他可以毫不犹豫地从事业的高峰隐退，只要他判断工作可能会影响家庭。

记得第二个孩子出生不久，当时他在日资公司工作，有一次出差日本，脚才落地就接到孩子发烧的电话，不顾日本同事奇异的眼光，急急忙忙打道回府，什么公事都没办。日后我被老板夫人"晓以大义"，先生却不以为忤。

婚姻的承诺是对自己的，也是对伴侣的，在爱的承诺里两个人可以放心相处。承诺提供一个爱的安全环境，在这里可以休憩，可以疗伤，可以成长，可以好好教养下一代。

婚姻关系是情感及心灵成长的旅程

婚姻是提供爱的心灵操练的绝佳场所，是一个人从自我走向家庭的过程，它让人学习不自私，学习不把自己凌驾于一切之上。

博明与雅心在大学认识相恋，当时他们都还没有决定自己未来的方向，在校园里读书、谈心，无忧无虑。毕业之后博明决定专攻法律，雅心则转读医学，都是相当困难的领域，但是两人依然维持固定的约会，即使不能见面，也要在网络上联络，或者通个电话，感情还是维系得很好。

当两人开始想到婚嫁时，面临一个难题：博明拿到博士学位想到纽约发展，而且找到了他向往的律师工作；雅心则越来越明确地想到另外的城市当一名心脏外科医生。两人若是这样选择工作将注定两人从此分多聚少。两个人陷入了长久的思考，究竟谁该做出牺牲？或者干脆就不要结婚？

最后两人做出了共同的决定，博明留在雅心身边，不到纽约去工作。他说："如果不能和妻子住在一起，那我结婚做什么？"雅心也改为从事内科医生工作，让先生可以经常看到她。两人共同迈出的这一步是爱的实践，奠定了两人幸福婚姻的良好基础。

我们看到许多夫妻结了婚却分隔两地，形成所谓"假性单亲"；或者结了婚却忙于交际应酬，说是"人在江湖，身不由己"，没有将婚姻摆在正确的位置；更差的是那些结了婚还向往单身自由，还想过婚前我行我素的生活的人，简直将婚姻当成了儿戏。

俗语说：种瓜得瓜，种豆得豆。希望有一个幸福美满的婚姻，就得把两人关系摆在第一位，从婚姻关系的角度出发来做事业和工作的衡量。要知道婚姻绝不是用来逃避孤独，或是为了性的满足的。婚姻是我们学习与爱侣身、心、灵合一的过程，婚姻的目标要明确，价值观要清楚，否则一步走错、全盘皆输。

婚姻生活会逼使你不得不面对性格问题，这是单身男女不必去面对的问题。婚姻对一个人生命的转化，是借着一天二十四小时、每周七天的工作。记得第一个娃娃三更半夜哭闹时，白天已经工作得精疲力竭的我，真想踢一踢老公起来给孩子泡牛奶换尿布，可是先生也是累了一天，两人同样挣扎。那时，当两人发生争执时，多么希望另一半能顺着我的意思来。婚姻生活逼使我们性格里面的自私、计较、控制欲、挑剔纷纷现形。此时，要沉下心来，对自己说："这是你自己选择的婚姻，你要理性对待！"长此以往，在夫妻心心相印的日子里，以上那些丑行便渐渐离你而去了。

用正确的价值观巩固婚姻

电影《意外的人生》（*Regarding Henry*）是一部探讨婚姻价值观的好电影。男主角亨利是当红的执业律师，帮出得起诉讼费用的一方提供有力的证据，隐匿不利的证据，这在许多律师的眼里是天经地义的事。亨利还善于紧咬对方的心理弱点，能言善道，让对方含冤莫辩。

在律师楼里，亨利只要大喝一声："走，让咱们出去大显身手！"就几乎战无不胜，攻无不克。亨利前程似锦，坐拥豪宅美眷，可是，暗夜枪声却改变了这一切。

被医师抢回一条命的亨利，对于自己是谁、身在何处一片茫然，他的记忆和身体功能已经丧失大半；面对前来探视陪伴的妻子，也只能以陌生迷惘的眼神回应，更不要说他从来不曾费心照顾的11岁女儿。

我们很难想象一个中年人，必须从最简单的生活技能开始学习。展现在亨利眼前的世界有如漫漫大漠，他必须重新学习数字、颜色、形状，学习走路，甚至从头学习他一向擅长的语言。

在亨利艰难的康复道路上，刚从麻木婚姻中被震醒的妻子是无能为力的，她陷入焦虑。而向来和父亲之间没有什么沟通的女儿，更是难以接受眼前这个躺在病床上什么都不会、什么也不认得的父亲。

看似无望的康复道路，因康复治疗师布莱德利的耐心与丰富经验而有了起色；在康复师的鼓励之下，亨利开始走路，开始说话。他就像一个孩子一样重新开始认识世界，所不同的是，单纯的孩子以信任拥抱世界，受伤的亨利却多了一份疑惧，康复师是他唯一可以信赖的人。

在康复师的鼓励下，亨利回到了他的家，一点一滴地尝试寻回失落的记忆，重新认识他的妻子、他的女儿以及管家。家人用最大的爱来接纳他，妻子和女儿都跟他有了亲密的互动。

亨利终于回到律师楼，那个他从前不可一世的地方。他从旧日同事的表情和言谈中，从旧日他经手的档案数据中，一点一点拼凑出从前的自己。原来他曾经是急功近利的人，享受虚幻的权势地位，乐于周旋在虚伪的友情里；原来他曾经隐匿数据逼迫受害人，以赚得更多的利润；原来他曾经背着妻子幽会，而且准备撕毁婚约，另筑爱巢。

新的自己仿如一面明镜，照着从前如此不堪、如此丑陋的自己，亨利后怕不已，他从来不知道自己曾如此一步步走向毁灭。

究竟是新的亨利失去了知觉，还是旧的亨利没有另一种知觉？

如果我们对自己心灵的迷失浑然不察，那么，那致命的一击必然不远！

信仰奠定夫妻合一的基石

婚姻之爱的意义是二人合为一体，一男一女成为同一生命共同体，分享同一经验，共度同一历程，无论处于生命的高峰或低谷都能紧紧相守。

爱与迷恋最大的不同在于内在的起源，迷恋是表层意识的作用，爱则是以清明的、充沛的、活力的内心为其发源地。爱是一种内在状态，我爱，就会不断地、主动地关心我所爱的人，毫不倦怠。爱几乎是一种人格，而不是一时的冲动，所以它是长久的、全面的、建设性的。可以说，真爱就是一个人的信仰，生命的全部。

当然，真爱不是一天两天就可以养成的，但是信仰可以让我们向对方倾身靠近。

记得有了孩子之后，我和先生开始因为观念不同而产生大大小小的冲突。先生一向要求严格，我则因为从事教育工作注重爱的启发与包容。我们站在各自的立场互不相让，结果当然是两败俱伤。一天，我实在是气极了，觉得婚姻毫无希望，我到书房静下心来，忽然感觉到自己自以为专家却实在不懂爱的真义，我应该接纳对方，让对爱的信仰来塑造我们。当我愿意向先生倾身靠近时，关系起了微妙的变化，彼此都听进了对方的心意，观念也趋向一致。

对爱的信仰没有内化，就不能形成真爱，表面的信仰有时反而会带来伤害。向恺和书妤的婚姻就让人叹息。书妤在一次聚会中认识了向恺，她对向恺印象十分深刻。当时向恺刚从非洲做公益活动回来，书妤听到他诉说自己的经历深为感动。书妤想，这么愿意为别人服务的人，一定会是一个爱家的人，而向恺也对书妤非常心仪，两人在交往一年后结婚。

结婚之后的第一次冲突，是因为向恺为了公益错过了孩子的生日，之后家里大大小小的场合向恺都没有参与，这个先生和父亲好像不存在家庭中。书妤终于忍无可忍，和向恺摊牌，没想到向恺的回答是，公益永远都应该是第一位的。书妤气极了，她说："我只知道要尽心尽力爱别人，同时要爱人如己。你的信仰出了问题，公益不应放在家庭前。"

男女在约会时要详细了解信仰对对方生命的影响，搞清楚信仰是不是更能让对方爱家庭、爱人。

婚姻涉及生命的终极关怀

婚姻生活最深的意义在于生命的终极关怀，是夫妻俩在辛苦赚钱、管教子女、每月付清账单、整理庭院、清洁内外等琐碎的事项，在维持生计日日辛劳的后面，仍能看到彼此、倾听彼此，看到亲密与联结背后的宁静与满足。

因此，婚姻生活不是追求表面的快乐，而是在生活的冲撞中展现合为一体的精神，在不断看到自己的软弱，得到更新的机会，在不断地舍己中获得真正的生命。

有爱的地方就是圣殿，有爱的地方就有天堂。

幸福交流道

1. 你的原生家庭的信仰是如何影响父母和亲子关系的?

———————————————————

2. 在婚姻中应该建立哪些有益于家庭关系的价值观?

———————————————————

3. 即使保有同样的信仰却还是会产生婚姻危机的原因是什么?

———————————————————

4. 婚姻为什么可以提供心灵操练的机会?

———————————————————

5. 为什么婚姻能提供生命的终极关怀?

———————————————————

6. 以信仰为根基,重新为你的婚姻或未来的婚姻画一张蓝图。

———————————————————

幸福DIY

学习承诺、了解、关怀、责任，培养真爱从今天开始。

幸福电影院

§《意外的人生》（*Regarding Henry*，1991，美国）：一位律师因为过度追求事业的成功而导致自身价值观的混淆，甚至伤害了婚姻，却因为一次枪击意外改变了一生。

§《珍贵的誓约》（*A Vow to Cherish*，1999，美国）：叙述一位先生在太太不幸罹患老年痴呆症之后，仍努力守住婚约，对妻子不离不弃，改变对孩子与家庭影响的故事。

殿 乐

奇妙的生命之歌

"为什么有大科学家、大文学家、大艺术家、大企业家等，却没有'大丈夫家''大妻子家''大父母家'？"这是多年前我的先生对我说的一句话。我那身为科技管理人才的先生，不汲汲于名利，反而针对世人长期漠视家庭这重要的社会基本单位，发出这样的呼声，当时让我极为震惊，事隔多年，仍觉得这句话振聋发聩。

这样的呼声让我们夫妻一同加入婚姻与家庭的经营团队，多年来也经历了学习与成长。但是，要写这样一本书，我一开始还是十分犹豫的，因为它是由许多有生命伤痛的人共同写成的，我担心自己见地不深，但真正让我犹豫再三的，是我是否曾真正进入这些宝贵的生命？我是否真正聆听过他们，爱他们？否则我怕辜负了每一位跟我分享生命故事的朋友。

我知道，每一次相遇绝非偶然，回顾我倾听的生命故事，我有一个感觉：情况越来越复杂，越来越不容易处理。我感觉自己在经历这些故事后，耳朵越来越能听，心越来越柔软。我不得不相信，这是上天的恩典；是恩典带来这些朋友，我在他们的故事里听他们，也听我自己。

感谢真爱家庭协会叶高芳牧师和苏文安牧师的鼓励，虽然我知道婚前教育有多么重要，但没有他们的信任和支持，我不可能写出这一本书。在写作的过程中，我知道我得重新回顾这些故事，尤其是有些部分会牵动自己内心隐隐作痛的伤口。

但是当我投入写作中后，我的生命又一次经历内在更新，我有更多的感谢：谢谢我的先生，我们在婚姻中共同经历生命成长过程的伤痛，我们也谦卑寻求疗伤和康复；感谢我一对可爱的子女，他们单纯的信任和爱，让我们在爱的学习过程中得到许多鼓励；感谢我的原生家庭，我的父母和姐姐、弟弟、妹妹，我爱你们！

写作的过程数度唤醒我鲜活的记忆，曾经教导过我的老师、我曾经教过的学生，爱串起我生命教与学的过程。我的老师教给我许多，我的学生也教给我许多。

也许"大丈夫家""大妻子家""大父母家"不会在人类的历史上留名，但是每一位参与家庭真爱的经营者，会培养充满爱与希望的孩子，对社会国家以及世界的贡献，绝不亚于其他成就者。

8月的天气正热，窗外仍有丝丝微风轻拂，笔尖似乎仍有未竟的心意，我知道我必须停下来，先向书中的人献上敬意。希望阅读这一本书的人，和我一同经历可贵的生命故事，这里面有你的一部分，也有我的一部分。我们打开内心的耳朵，仔细聆听，让那风就单单是风，轻轻拂走曾有的伤痛，让真爱在彼此之间升起，这一切原是上天的美意！